Krebs

22. Juni–22. Juli

P. Michel/A. Wagner

Krebs

22. Juni–22. Juli

tosa

Inhalt

Vorwort

Wenn Sie jetzt dieses Buch in Händen halten, so sind Sie höchstwahrscheinlich ein Krebs oder zumindest am Sternzeichen Krebs interessiert. Vielleicht leben Sie eine liebevolle Beziehung mit einem Krebs oder möglicherweise ist Ihr Chef ein Krebs. Zumindest möchten Sie etwas mehr über den Krebs erfahren.

Es ist immer eine spannende Angelegenheit, etwas über sich selbst oder einen anderen Krebs zu erfahren. Die nachfolgenden Seiten wollen Ihnen einen Gesamtüberblick über die vielfältigen Seiten des Krebses vermitteln. Wenn Sie selbst ein Krebs sind, haben Sie sich wahrscheinlich ohnehin schon über das Inhaltsverzeichnis mit dem Buch vertraut gemacht. Trotzdem sollte das Buch bei der Lektüre noch einige Überraschungen für Sie bereithalten. Vielleicht wird es Sie auch das eine oder andere Mal zum Schmunzeln bringen. Das ist so beabsichtigt!

Das ***Sternzeichen*** eines Menschen zeigt uns dessen bestimmte Merkmale auf, es kann allerdings kein vollständiges Bild einer Persönlichkeit liefern. Dazu bedarf es eines umfassenden Horoskops.

Es wird Ihnen sicher schon aufgefallen sein, dass es auch innerhalb eines Sternzeichens unterschiedliche Menschen gibt. Das zeigt uns, dass man nicht alle Widder, Stiere oder Jungfrauen über einen Kamm scheren kann. Trotzdem lassen sich viele verblüffende Ähnlichkeiten feststellen, die viel zu eindeutig sind, um als Zufall erklärt zu werden. Bestimmte Muster kehren innerhalb eines Sternzeichens immer wieder. Deshalb lohnt es sich, etwas mehr über die verschiedenen Aspekte eines Sternzeichens zu verstehen. Wenden wir uns also der geheimnisvollen Welt des Krebses zu.

Einleitung

Gehören auch Sie zu jenen Menschen, die zwar ihren Freunden und Kollegen gegenüber stets betonen, nichts von dieser „Sterndeuterei" zu halten, aber heimlich doch fast jedes Illustriertenhoroskop lesen? Natürlich nur zum Spaß!

Wir vermuten einmal, Sie haben ein gewisses Interesse an der Astrologie, kennen sich aber noch nicht sehr gut aus. Daher sind die nachstehenden Gedanken über die Wissenschaft der Astrologie für Sie vielleicht hilfreich, um Ihnen zumindest Grundkenntnisse der alten Sternenweisheit zu vermitteln. Außerdem versprechen wir Ihnen mehr Freude am Lesen als bei den etwas eintönigen Zeitschriften-Horoskopen!

Wenn Sie zu den Befürwortern der Astrologie gehören – und ihre Zahl nimmt bekanntlich ständig zu – werden Sie mit diesem Buch endlich genügend Argumente in die Hand bekommen, um Ihren Freunden und Kollegen zu beweisen, warum sich die Widder-Frau aus der Buchhaltung mit dem Jungfrau-Abteilungsleiter so in die Haare bekommen konnte.

Das Grundwissen

Normalerweise weiß jeder Mensch, zu welchem Sternzeichen er gehört. Das Tierkreiszeichen richtet sich nach dem Stand der Sonne zum Zeitpunkt Ihrer Geburt. Wenn Sie also beispielsweise am 10. März geboren sind, gehören Sie, astrologisch gesprochen, zu den Fischen. Denn an diesem Tag stand die Sonne im Zeichen der Fische. Wurden Sie dagegen am 10. April geboren, sind Sie astrologisch ein Widder. Sie finden normalerweise ganz schnell heraus, zu welchem Zeichen Sie gehören, es sei denn, Sie fallen genau in den Wechsel zwischen zwei Zeichen, dann kann es von Bedeutung sein, Ihre Geburtsstunde genau zu ermitteln und einen Astrologen zu befragen, zu welchem Zeichen Sie gehören.

Der Sonnenstand, also Ihr Sternzeichen, gibt Ihnen Auskunft darüber, wie Sie „in Ihrem Inneren" wirklich sind. Die Astrologie, wenn sie ernsthaft betrieben wird, vermag natürlich weitaus mehr über die Persönlichkeit eines Menschen auszusagen, aber wir wollen es in diesem Buch einmal beim Sonnenstand, dem Sternzeichen und dem Stand des Mondes bewenden lassen. Als Hinweis für die etwas Fortgeschritteneren unter den Lesern sei nur erwähnt, dass der „Aszendent" zum Ausdruck bringt, wie Sie der Umwelt gegenüber erscheinen, während die Stellung des Mondes, auf die wir im Kapitel 8 näher eingehen, im Horoskop wesentlich für Ihr Seelenleben und Ihre Gefühlswelt ist.

Es ist keine große Mühe, den Aszendenten und die Stellung des Mondes im Horoskop zu ermitteln. Selbst ein Astrologieautomat am Bahnhof oder Flughafen druckt Ihnen schnell diese Daten aus, wenn Sie ihn mit Ihrem Geburtsdatum und Ihrem Geburtsort füttern. Mit unserer Sternzeichen-Serie haben Sie dann das Werkzeug in der Hand, um mehr über sich selbst zu erfahren.

Die Geschichte der Astrologie

Das Wort „Astrologie“ setzt sich aus den beiden griechischen Wörtern „Astron“ (Stern) und „Logos“ (Wort, Weisheit) zusammen. Wenn man es wörtlich übersetzen möchte, könnte man von der „Sprache der Sterne“ oder besser von der „Sternenweisheit“ sprechen.

Das wichtigste Grundwerkzeug für die Astrologie ist das Horoskop, ein weiteres Wort aus dem Griechischen, das am treffendsten mit „Stundenzeiger“ übersetzt wird. Im Horoskop wird nach astronomischen Grundsätzen die Stellung der Gestirne im Augenblick der Geburt aufgezeichnet. Da es einige schnell laufende Planeten gibt, können manchmal wenige Minuten ein deutlich verändertes Horoskop ergeben. Es ist daher für eine eindeutige astrologische Deutung wichtig, möglichst genau die Geburtszeit zu ermitteln. Sollten also demnächst einige dieser Sternenkinder bei Ihnen vorbeischauen, versuchen Sie auch in der Aufregung der Geburt mit einem Auge auf die Uhr zu schauen. Sie werden später dafür dankbar sein – und Ihre Kinder auch!

Die Ursprünge

Die Anfänge der Astrologie verlieren sich im Dunkel der Geschichte. Zu allen Zeiten hat das sternenübersäte Himmelszelt die Menschen mit Ehrfurcht erfüllt. Viele Religionen haben sogar Gott oder die Götter am Sternenhimmel angesiedelt, denn die Menschen suchten stets nach einem „sichtbaren“ Ausdruck dieser verborgenen Kräfte, von deren Wirken sie nichts wussten.

Die Babylonier, etwa im 4. Jahrtausend v. Chr., scheinen die Ersten gewesen zu sein, die sich die Frage stellten, ob die Bewegung der Gestirne möglicherweise eine verborgene Botschaft der Götter darstellte. Also begannen sie, die Bewegung der Lichter am Sternenhimmel aufzuzeichnen – und sie stellten eine gewisse Regelmäßigkeit fest. Was lag also näher, als die Gesetzmäßigkeiten festzuhalten. So entstand der erste Kalender!

Die Ägypter, von deren tiefem Wissen heute nur noch die Pyramiden und einige alte Tempelruinen Zeugnis ablegen, waren historisch die Nächsten, etwa 2500 v. Chr., die sich in die Deutung der Gestirne vertieften. Sie kleideten ihr Wissen in Mythen und Sagen, aber die eingeweihten Priester vermochten diese zu deuten und ihren tiefen Sinn zu entschlüsseln. Zu jener Zeit war das astrologische Wissen nur wenigen Eingeweihten vorbehalten.

Wenn C. G. Jung, der große Psychologe, später diese Sternenweisheit als den „symbolischen Ausdruck für das innere, unbewusste Drama der Seele" bezeichnete, so fand er nur neue Worte für ein altes Wissen.

Nach den Ägyptern kamen die Griechen. Auch sie versuchten, die Beobachtung des Sternenhimmels zum Erkennen des Schicksals heranzuziehen. Die große griechische Kultur gab der Astrologie, wie auch der gesamten abendländischen Kultur, ihre im Wesentlichen heute noch gültige Form. Sie befinden sich also, wenn Sie die Astrologie ernst nehmen, in bester Gesellschaft!

Die Geburtsastrologie

Die Griechen waren es, die erkannten, dass auch die unregelmäßigen Vorgänge am Sternenhimmel, die scheinbar „unberechenbaren" Bewegungen der Gestirne, die den Babyloniern als „Omen" gegolten hatten, bestimmten Gesetzmäßigkeiten gehorchten und daher vorausberechenbar waren. Von diesem Augenblick an verlor die Anschauung, dass die Götter den Menschen so ein Zeichen geben wollten, ihre Anhänger. Die alten Sterndeuter begannen, eine individuelle Geburtsastrologie zu entwickeln.

Wichtig für das Verständnis der modernen Astrologie wurde in diesem Zusammenhang ein Satz von Thomas von Aquin: „Die Sterne machen geneigt, aber sie zwingen nicht!" Diese Erkenntnis setzte sich in weiten Kreisen allmählich durch und findet auch heute immer mehr Anhänger. Damit wird für den einzelnen Menschen deutlich, welche Bedeutung das astrologische Wissen für ihn besitzt. Es hilft ihm, Anlagen, Neigungen, Begabungen oder Talente zu erkennen und zu fördern. Gleichzeitig kann ihn die Astrologie auf Schwächen, Gefährdungen oder problematische Neigungen hinweisen. Immer aber bleibt es in der Verantwortung des einzelnen Menschen, sein Leben selbst in die Hand zu nehmen!

Die Tierkreiszeichen im Laufe eines Jahres

Der ***Widder***, das erste Zeichen im Tierkreis, steht für den drangvollen, stürmischen Beginn des Frühlings. Da mit der Frühlings-Tagundnachtgleiche etwas Neues beginnt, setzten die Astrologen der Antike den Widder an die erste Stelle im Tierkreis. Der Winter wird kraftvoll vertrieben. Alles kommt natürlich viel zu früh. Die Krokusse stecken schon ihre Köpfchen durch die Erde, wenn noch Schneeflocken durch die Luft wirbeln. Aber so ist es ja immer beim Widder. Er ist nicht zu bremsen, und schließlich überwindet er ja auch Schnee und Eis und verhilft dem Frühling zum Durchbruch.

Dann kommt der ***Stier*** und bringt den Frühling in voller Pracht zum Ausdruck. Der „Wonnemonat" Mai beginnt. Es ist eine Zeit der Sinnlichkeit und der Hingabe. Menschen vertrauen einander, sind gutmütiger als normal; aber sie sind auch stärker materiell ausgerichtet. Alles wird etwas gelassener und langsamer.

Als Letzte im Frühling treffen wir die ***Zwillinge***. Mit ihnen geht der maienhafte Frühling und die Baumblüte setzt ein. Die Verästelungen bilden sich und alles wird komplizierter. Aber die Zwillinge bringen auch Wachstum, Zergliederung und Oberflächlichkeit.

Der ***Krebs*** kommt mit der Sommersonnenwende. Der Sommer beginnt. Die Tage sind am längsten, die Nächte nur kurz. Die Wachstumskräfte treten nach außen und die Samenbildung beginnt. Die Empfindsamkeit und die Empfindlichkeit nehmen zu, aber auch die Empfänglichkeit und das Schwankende. All dies werden Sie beim Sternzeichen Krebs wiederfinden!

Den ***Löwen*** finden wir in der Mitte des Sommers. Die Früchte werden reif und die Sonne durchglüht die Erde. Es ist die heißeste Zeit des Jahres und die Natur erstrahlt in sommerlicher Fülle. Herzens- und Willensmenschen sind jetzt in ihrem Element. Alles strotzt vor Selbstbewusstsein, Großzügigkeit und überschäumender Lebenskraft.

Mit der ***Jungfrau*** geht der Sommer zur Neige. Der Himmel ist strahlend klar und blau. Die Erntezeit beginnt. Die Natur stellt sich auf den Beginn eines neuen Lebenszyklus ein. Jetzt geht es um das Ordnen, Sichten und Unterscheiden. Eine sachliche Einstellung ist wichtig, um die Ernte wohlbehalten einzubringen. Es ist von entscheidender Bedeutung, vorsichtig vorzugehen. Man darf nicht zu früh und nicht zu spät ernten. In diesem Geschehen kann eine gewisse Ängstlichkeit heranwachsen.

Mit der ***Waage*** beginnt der Herbst. Tage und Nächte sind gleich lang. Die Winterhälfte des Jahres hält ihren Einzug. Noch halten sich sommerliche Wärme und winterliche Kälte das Gleichgewicht, und noch immer ist der Himmel hell und freundlich. Die Waage bringt zudem eine wahre Blumenpracht mit sich. Die Sonnenuntergänge zeigen ein herrliches Lichtspiel und das Streben nach Harmonie ist besonders ausgeprägt. Ein großer Schaffensdrang steht in Konflikt mit mangelnder Durchsetzungskraft. Dafür finden wir bei der Waage ein feines Anpassungsvermögen.

Der ***Skorpion*** ist der „Todesmonat“. Er bringt steigende Morgen- und Abendnebel. Das letzte Laub fällt von den Bäumen. Der Skorpion hinterlässt kahle Bäume; aber dennoch zeigen sich an einigen Ästen bereits wieder zarte Knospen. Es ist eine Zeit des Sterbens und Werdens. Der Skorpion ist zäh und ausdauernd. Er bringt alle Dinge schnell auf den Punkt. Bei ihm finden sich offene Aggressivität und leidenschaftliche Hingabe sowie ein grüblerischer Erkenntnistrieb.

Mit dem *Schützen* neigt sich der Herbst dem Ende zu. Der Winter sendet seine Vorboten über das Land. Der Todesschlaf der Natur kündigt sich bereits an. Die Dämmerungen bringen eine gewisse Schwermütigkeit; aber die Vorweihnachtszeit schenkt etwas Licht. Die Felder sind kahl und verlassen, die Beete abgeerntet und die Gärten leer. Die Stimmung des Schützen ist jedoch voller Idealismus, und deshalb haben es wohltätige Veranstaltungen in der Adventszeit leichter! Religion und Sinnsuche streben ihrem Höhepunkt zu.

Der *Steinbock* bringt das Weihnachtsfest und die Wintersonnenwende. Die längsten Nächte des Jahres sind zu überstehen. Das Licht kämpft mit der Finsternis, um neu ins Leben zu treten. In der Natur herrscht völlige Lebensstarre. Die Welt ist von Eis und Schnee bedeckt. Die Luft ist schneidend und von klirrender Kälte. Der Steinbock kämpft sich jedoch mit unermüdlicher Beharrlichkeit durch. Wir finden zudem Entsagung, Konzentrationsfähigkeit und Sachlichkeit bei ihm, die allerdings mit Teilnahmslosigkeit und Hochmut einhergehen können.

Im ***Wassermann*** steht der Winter in voller Blüte. Alles Leben ist unter Schnee und Eis verborgen. Am Tage kann die Wintersonne hell blenden, in der Nacht sind die Sterne klar zu erkennen. Es ist die kälteste Zeit des Jahres. Die weiße Schneedecke vermittelt ein Gefühl von Freiheit und Unbegrenztheit. Dem Wassermann sind gesellschaftliche Normen unwichtig; er lebt seinen totalen Freiheitstrieb.

Im Zeichen der ***Fische*** geht der Winter in den Frühling über. Die Fastenzeit beginnt und die Schneeschmelze setzt ein. Alles Erstarrte löst sich und alles Tote wird zu neuem Leben erweckt. Der Erdboden weicht auf und der menschliche Körper wird verwandelt. Im Zeichen der Fische kommt es auch zu den meisten Todesfällen! Die Fische neigen zudem zu einer Flucht aus der realen Welt. Unter den Fischen finden wir allerdings auch viele Gemütsmenschen mit echter Nächstenliebe.

Damit ist unsere kurze Wanderung durch die Tierkreiszeichen abgeschlossen und wir können uns jetzt genauer mit dem vierten Zeichen beschäftigen – dem Krebs.

Kapitel 1

Grundsätzliches über den Krebs

Der Krebs im Tierkreis

• Das Zeichen

Der Krebs ist ein Wasser-Zeichen. Er ist das vierte Zeichen im Tierkreis und erstreckt sich im Kalenderjahr vom 22. Juni bis 22. Juli.

• Das Zeichen und der Planet

Dem Krebs ist der Mond zugeordnet.

• Das Zeichen und der Edelstein

Dem Krebs wird die Perle und das Metall Silber zugeordnet.

• Das Zeichen und seine Farbe

Für den Krebs sind die Farben Rauchblau, Blassblau oder Silber charakteristisch. Er wird naturgemäß zarte und dezente Farbtöne bevorzugen, die seiner feinfühligen Ader entsprechen.

• Das Zeichen und seine Tiere

Wie nicht anders zu erwarten war, gehören die Schalentiere zum Zeichen Krebs; Tiere, die eine schützende Hülle oder einen schützenden Panzer um sich gebildet haben. Wenn diese Tiere unsanft oder etwas grob berührt werden, ziehen sie sich in ihre Schale oder ihren

Panzer zurück. Es wird sich noch zeigen, auf welche Weise manche Eigenarten dieser Tiergeschöpfe auch beim Sternzeichen Krebs aufzufinden sind.

Der gefühlvolle Krebs

• Die ganz einfühlsamen Wesen

Unter dem Sternzeichen Krebs finden sich die ganz besonders gefühlsbetonten Menschenkinder. Sie verfügen über eine außerordentliche Gefühlstiefe, sind voller Menschlichkeit und besitzen mehr als die meisten anderen Tierkreiszeichen die Fähigkeit, Mitleid oder zumindest Mitgefühl zu empfinden.

Krebse sind die ***mütterlichsten*** Vertreter des Tierkreises, wobei der Begriff im übertragenen Sinne gemeint ist und sowohl männliche als auch weibliche Personen umfasst.

• Verstand und Gefühl

Die Krebse vereinen in sich oft stark gegensätzliche Kräfte oder sind in einer Auseinandersetzung mit diesen sich widerstreitenden Polen gefangen.

Im Krebs trifft eine mystische Romantik nicht selten auf einen kalten Materialismus; und doch gelingt es dem Krebs, diese Gegensätze in sich auszugleichen. Gleiches gilt für den Widerspruch zwischen dem kritischen Verstand des Krebses und seiner ausgeprägten Gefühlstiefe

– beide befinden sich in einer heftigen Auseinandersetzung und müssen zu einer lebensfähigen Harmonie gebracht werden.

Eine große Aufgabe für den Krebs!

Der launische Krebs

Der Krebs ist in der Regel ein gemütlicher, sensibler und humorvoller Mensch, doch man darf eines nicht aus den Augen verlieren – seine Launenhaftigkeit. Wenn Sie auf einer Party einen Menschen kennengelernt haben, der sich reizend mit Ihnen unterhalten hat, so wundern Sie sich bitte nicht über das fauchende Wesen, das Sie am nächsten Tag am Telefon wiedertreffen. Es ist schon der gleiche Mensch, aber es ist eben ein Krebs, der seinen Launen zum Opfer gefallen ist.

Wahrscheinlich ist auch aus dem Vollmond am Himmel ein abnehmender Mond geworden.

Die Konservativen

Krebse lieben das Alte und können sich nur schwer an etwas Neues gewöhnen. Wenn sie mit dem Problem konfrontiert sind, etwas verändern zu müssen, betrachten sie es von allen Seiten und ändern schließlich nach langem Bemühen die Dinge, die unausweichlich verändert werden müssen. Aber das kann dauern ...

Als die standhaften Konservativen neigen sie auch zu einem typischen Hobby – der Sammelleidenschaft. Sie können sich nur schwer von Dingen trennen, an denen ihr Herz und ihre Erinnerungen hängen. Liebevoll umhegen sie diese Gegenstände und schwelgen in vergangenen Zeiten.

• Aus dem Ideenhimmel gefallen

Krebse verfügen über eine ausgeprägte Fantasie. Dabei spielt es keine Rolle, ob ein Mensch idealisiert wird oder ein Gegenstand. Zwischen dem tollsten Mann (der tollsten Frau) und dem tollsten Auto besteht kein großer Unterschied mehr. Sie machen in ihrer Fantasie mehr aus allem und sind dann sehr unangenehm berührt, wenn sie wieder einmal auf die Nase fallen.

Die harte Wirklichkeit holt die abgehobenen Krebse nicht selten schmerzhaft wieder auf den Boden der Tatsachen zurück. Dabei hatten sie sich alles so schön vorgestellt!

• Das tiefe Wasser

Der Krebs ist, wie alle Wasser-Zeichen, von einem sehr verschlossenen Wesen. Aber stille Wasser sind ja bekanntlich tief. Niemand kann wirklich sicher einschätzen, wie es im Innersten eines Krebses aussieht. Auch wenn er äußerlich ruhig wirkt, kann es in seinem Inneren doch schwer rumoren!

Zwei Seelen

Das Sternzeichen Krebs wird entscheidend vom Mond geprägt. Dadurch stößt man im Leben des Krebses auf viele Hochs und Tiefs, die mit schöner Regelmäßigkeit wechseln. Dabei vermag der Krebs einmal aus der tiefen Sehnsucht seiner Seele heraus zu leben; dann wieder bleibt er jedoch in materiellen Gelüsten stecken.

Zwei Seelen wohnen nun einmal in seiner Brust.

Die Kindheit

Die Kindheit ist für die Krebse eine wichtige Zeit in ihrem Leben; denn Häuslichkeit und Familie stehen in ihrer Wertordnung an erster Stelle. Verletzungen aus der Kindheit prägen einen Krebs oft sein Leben lang und können ihn intensiv beschäftigen.

Ausdauer und Zähigkeit

Ein Krebs gibt nicht so schnell auf. Er kann mit äußerster Beharrlichkeit an einer Sache festhalten und diese bis zum guten Ende verfolgen. Mit viel Geduld ausgestattet, können Krebse warten, bis der richtige Zeitpunkt gekommen ist, um dann die Gelegenheit beim Schopf zu packen.

Durch ihre Zähigkeit erreichen sie schließlich Ziele, die ihre Konkurrenten nicht einmal von Ferne sehen, weil denen schon vorher die Puste ausgegangen ist!

• Wer bin ich?

Krebse haben häufig mit dem Problem zu kämpfen, wer sie wirklich selber sind. Oft verstehen sie einfach nicht, was mit ihnen los ist. Sie schwimmen ständig mit dem Strom und nehmen die Impulse ihrer Umwelt auf wie ein Schwamm. In diesem Geschehen fragen sie sich: Wer bin ich eigentlich?

• Überraschende Neugeburt

Der Krebs ist so extrem nach innen orientiert, dass diese Ausrichtung manchmal geradezu selbstquälerische Züge annehmen kann. In diese Phasen kann sich der Krebs ohne Rücksicht auf die eigenen Glücksgefühle stürzen.

Zur Überraschung aller kommt der Krebs dann aber nach Wochen der Zurückgezogenheit wieder aus seiner „Schale" hervor, kräftiger als je zuvor. Die lange Phase der Abkehr von der Außenwelt hat ihn zu einer Neugeburt und einer kaum erwarteten Verwandlung geführt.

Der Krebs und seine Mitmenschen

Der Hilfsbereite

Einem Krebs sind seine Mitmenschen überaus wichtig. In seinen Kontakten zu Freunden oder Nachbarn kann er seine ganze Menschlichkeit ausleben. Dabei spielt es keine Rolle, ob es darum geht, jemandem zu helfen, oder ob nur einige gut gemeinte Krebs-Ratschläge (und davon gibt es jede Menge!) gefragt sind.

Ein wenig Berechnung

Man kann Krebse nicht direkt geizig nennen, aber wenn sie geben, so sollte damit wenigstens die Anerkennung des Beschenkten einhergehen. Es wird in Krebs-Kreisen schon ein wenig aufgerechnet; und ein Krebs wird nicht sehr glücklich bei dem Gefühl sein, mehr als sein Gegenüber investiert zu haben.

Die Sorgenvollen

Krebse machen sich grundsätzlich und prinzipiell zu viel Sorgen. Sie kümmern sich um den Partner, um die Kinder, den Hund des Nachbarn, die Pflanzen im Park, um das Elend der ganzen Welt und ein wenig auch um sich selbst.

• Die soziale Ader

Die liebevolle Art des Krebses ist immer dann gefragt, wenn es um Menschen in Not geht. Appelliert jemand an ihre Hilfsbereitschaft und schildert seine Sorgen entsprechend bildhaft, so fühlt sich der Krebs geradezu verpflichtet, seine Hilfe anzubieten. Sehr schnell werden die Sorgen des anderen zu den eigenen und er wird seine ganze Kraft einsetzen, um Hilfe zu bringen. Dabei kann er sich selbst völlig vergessen und ganz in seiner sozialen Ader aufgehen.

• Die Mimose

Der Krebs ist überaus empfindlich gegenüber kritischen Worten. Er ist manchmal geradezu eine Mimose der Verletzlichkeit, wenn ihm einmal jemand die Meinung sagt. Dann wird er sich sehr schnell zurückziehen und mit seinen verschiedenen Launen ringen.

Der Krebs redet selbst gerne Tacheles und nimmt dabei auch keine sehr große Rücksicht. Kritisieren und kritisiert werden sind eben zwei verschiedene Dinge!

• Fehlende Menschenkenntnis

Krebse lieben es, wenn man sie umwirbt und mit Worten hofiert. Sie lassen gerne die Komplimente anderer über sich ergehen. Hier liegt der Schwachpunkt und die Achillesferse des Krebses. Menschen, die ihm schmeicheln, lässt er schnell in sein Herz und wird dementsprechend oft enttäuscht.

Krebse suchen immer den menschlich ehrlichen Kontakt, nur leider häufig zum falschen Zeitpunkt. Sie werden daher, bedingt durch ihre große Menschlichkeit, gerne ausgenutzt. Menschenkenntnis ist also nicht ihre Stärke.

Das eigene Haus

Das eigene Haus ist die Burg des Krebses. Hier, in seinen eigenen vier Wänden, ist er in seinem Element. Sein Haus bietet ihm die Sicherheit, nach der er sucht. In seinem Heim hat die empfindsame Krebs-Seele genügend Schutz vor der Welt und kann ihr in diesem geborgenen Raum begegnen.

Der Nachtragende

Wenn der Krebs einmal ein negatives Urteil über einen Mitmenschen gefällt hat, wird es schwer sein, ihn diesbezüglich umzustimmen. Erschwerend kommt seine nachtragende Art hinzu, die sich auf einer sehr emotionalen Ebene bewegt und vernünftigen Argumenten nur schwer zugänglich ist. Allenfalls die Zeit wird hier Wunden heilen – wenn überhaupt!

Wie lebt man mit einem Krebs

• Gemütlichkeit ist Trumpf

Mit einem Krebs wird es gemütlich. Sie lieben das kuschelige Zuhause und die warme und Geborgenheit schenkende Sicherheit der eigenen vier Wände.

Für die Krebse ist Häuslichkeit und der liebevolle Umgang in der Familie und mit Freunden wichtiger als für die meisten anderen Menschen.

• Spiegel-Wesen

Im Sternzeichen des Krebses Geborene spiegeln wider, was ihnen begegnet. Nicht umsonst gibt es unter den Krebsen so viele Liebhaber von Spiegeln. Krebse gleichen den Wasseroberflächen, auf denen oft die Bilder verschwimmen, wenn der Wind oder ein Sturm aufkommt. Zudem versuchen sie, das nicht zu Vereinende zu vereinen. Dies drückt symbolisch das ständige Bemühen des Krebses aus, die widersprüchlichen seelischen Qualitäten in sich auszugleichen.

Egoismus gepaart mit tiefer Menschlichkeit ist bei ihm ebenso zu finden wie Großzügigkeit in Verbindung mit ihrem Gegenteil, dem Geiz.

Immer wieder Mitleid

Krebse sind selbst zu außerordentlichem Mitleid oder Mitgefühl fähig, fühlen sich aber gleichzeitig selbst wie die bemitleidenswertesten Geschöpfe unter der Sonne. Es gehört eine gehörige Portion Selbsterkenntnis dazu, diese angeborene Fähigkeit des Mitleidens nicht zum eigenen Wesensmittelpunkt zu machen.

Für den Krebs liegt hier eine der zentralen Lebensaufgaben!

Zärtlichkeit erwünscht

Krebse benötigen viel Zärtlichkeit und Anerkennung, und für ihre Partner ist es eine oft gewaltige Aufgabe, diese unendliche Sehnsucht zu erfüllen. Für den Krebs ist die ihm entgegengebrachte Zuwendung selten genug. Seine unendlichen seelischen Tiefen sind einfach nicht vollständig zu erfühlen oder zu erahnen.

Für seine Mitmenschen jedoch sind die Krebse liebevolle Partner, die bereit sind, sich ganz und voller Hingabe in eine Beziehung einzubringen.

Bitte den Krebs nicht übersehen!

Für Krebse ist die Aufmerksamkeit ihrer Mitmenschen so wichtig wie das tägliche Brot. Sie stehen gerne im Mittelpunkt, wenngleich sie keine ausgesprochenen Party-Löwen sind. Aber immer ist es wichtig, einen Krebs wissen zu lassen, dass man ihn bemerkt und schätzt.

Fühlt sich ein Krebs übergangen, kann er verletzt und mit Rückzug reagieren.

• Die Weltmeister des Einfühlungsvermögens

Krebse können sich mühelos in die Empfindungen und Erfahrungen ihrer Mitmenschen einfühlen. Darin sind sie die wahren Weltmeister. Nur kann es ihnen widerfahren, dass in diesem Prozess das eigene Leid und Elend so in den Vordergrund rückt, dass sie selbst zum Gegenstand des Mitgefühls werden. Jetzt heißt es, sich um das arme, leidende Krebslein zu kümmern!

Außerdem darf man nie vergessen, dass der Krebs in seinem Herzen Zuneigung und Mitgefühl seinerseits und vonseiten seiner Mitmenschen gegeneinander aufrechnet!

• Böse Vorahnungen

Gerne malt sich der Krebs in furchtbaren Bildern aus, was ihm alles Schreckliches zustoßen könnte. Im Extremfall kann das zu neurotischem Verhalten bis hin zum Verfolgungswahn führen. Unter den Krebsen finden sich die sensibelsten Wesen, die zugleich mit allen Ängsten und einer riesigen Schreckhaftigkeit zu kämpfen haben. Unter seinen Sternengeschwistern können dem Krebs gerade noch die Fische die Hand (Flosse) reichen.

Wie so Vieles im Leben besitzt die Hypersensibilität Vorteile und Nachteile.

Die Nervensäge

Ist sein Misstrauen erst einmal geweckt, so kann der Krebs zu einer wahren Nervensäge werden. Vorbehalte und Vorsichtsmaßnahmen nehmen riesige Ausmaße an und er fragt seinen Mitmenschen Löcher in den Bauch. Dabei hat er im Grunde nur einen schlechten Tag und bezieht alle Geschehnisse auf sich.

Der Rührselige

Wenn das Herz des Krebses berührt wird, stellt der Verstand in der Regel seine Tätigkeit ein. Der Krebs vermag dann nicht mehr, mit ungetrübtem Blick zu schauen. Mögen manche Geschichten auch noch so rührselig sein, der Krebs wird sie in ganzer Tiefe verstehen und mit seinem Mitgefühl beleben.

Der Anhängliche

Wenn ein Krebs zu einem Mitmenschen erst einmal Vertrauen gefasst hat, kann er ihn möglicherweise nicht mehr loslassen. Krebse neigen dazu, zu wahrhaften Kletten zu werden. Sie schmiegen sich gefühlvoll und zärtlich an und bleiben dann kleben. Das kann angenehm oder unangenehm sein, je nach Umstand und Partner.

Der Krebs und sein Lebensstil

• Eigener Herd ist Goldes wert

Die Krebse lieben das eigene Heim, das für sie die feste Burg ist. Er wird sein Zuhause gerne schmücken und wirklich gemütlich einrichten. Jeder Besucher fühlt sich bei „Familie Krebs" wohl und wird auch entsprechend liebevoll umsorgt.

• Genug ist nicht immer genug

Der Krebs entwickelt eine ausgeprägte Neigung zum Hamstern und Horten. Eigentlich hat er, zumindest empfindet er es so, nie genug. Sowohl in Gefühlsdingen wie auch in materieller Hinsicht könnte es immer noch ein wenig mehr sein.

Ein wenig mehr Selbstgenügsamkeit wäre keine schlechte Devise für den Krebs!

• Die Mutter für alles

Ein Krebs ist immer dabei, seine Mitmenschen zu bemuttern, wobei es belanglos ist, ob es sich um weibliche oder männliche Vertreter dieses Sternzeichens handelt. Egal, wer es ist, er wird umsorgt und mit guten Ratschlägen vollgeladen. Wer das nicht mag, sollte lieber Abstand halten – denn Krebse sind nun einmal so, wie sie sind.

Die Geduldigen

Krebse verfügen über eine schier unerschöpfliche Geduld. Da sie selbst nicht unbedingt zu den Schnellsten im Tierkreis zählen, geben sie auch ihren Mitmenschen viel Zeit. Bösartige Zungen würden in diesem Zusammenhang von Phlegma sprechen; aber *Geduld* hört sich doch viel liebenswerter an!

Vertrauen ist die Grundlage

Für Krebse ist eine vertraute Umgebung, in der sie sich ganz und gar geborgen fühlen können, unverzichtbar. Jede Spur von Ablehnung fordert sie heraus und löst eine Reaktion aus; dabei gehen sie in bester Krebs-Manier lieber einen Schritt zurück in ihr Krebs-Haus. Dort machen sich dann schnell Unsicherheit und Misstrauen breit.

Gefühle und Ahnungen

Die große Sensibilität der Krebse ermöglicht es ihnen, die Dinge bereits zu *fühlen*, bevor sie Wirklichkeit werden. So verlassen sie manchmal einen Platz, nur weil sie sich unwohl fühlen und meinen, es könnte ihnen schaden, noch länger zu bleiben.

Für den Krebs ist es eine ständige Gratwanderung, zwischen allen Gefühlen und Stimmungen sein Leben zu meistern.

Persönliche Notizen:

Kapitel 2

Der Krebs im Beruf

Begabungen und Talente

Faulheit und Fleiß

Bei den Krebsen lassen sich zwei Grundtypen charakterisieren – der Faule und der Fleißige. Die faule Gattung ist vor allem durch ihren Hang zum Phlegma gekennzeichnet. Hier finden wir wenig Dynamik und nur schwach ausgeprägte Antriebskräfte.

Die fleißige Variante des Krebses ist dagegen nicht zuletzt durch die ständige Sorge um die Zukunft zu verstärktem Einsatz und emsiger Aktivität angetrieben.

Gedächtnis und Gefühle

Krebse verfügen über ein phänomenales Gedächtnis, was zum Teil darauf zurückzuführen ist, dass sie ihre Eindrücke und Lebenserfahrungen in Gefühlen abspeichern. Das ganze Leben drückt sich in Gefühlen aus und wird durch Gefühle bestimmt. Aus diesem Gefühlsbereich heraus gestaltet der Krebs sein Leben, und diese Gefühlseindrücke lassen sich jederzeit als Bilder wieder abrufen. So steht dem Krebs seine gesammelte Lebenserfahrung in Form dieses Speichers jederzeit zur Verfügung.

Einsatz und Anerkennung

Ein Krebs wird gerne die Dinge erfüllen, die von ihm erwartet werden. Allerdings sollten sie nachvollziehbar sein und ihm einen angemessenen Lohn einbringen, der auch mit entsprechender Anerkennung gepaart ist.

Der Idealist

Krebse suchen meistens nach einer Arbeit, mit der sie sich identifizieren können. Wenn sie diese Tätigkeit gefunden haben, sind sie sogar bereit, für weniger Geld zu arbeiten. Sie füllen ihr ***inneres Gehaltskonto*** dann mit sozialem Engagement und idealistischer Begeisterung.

Zufriedenheit und seelische Ausgeglichenheit stuft der Krebs in letzter Konsequenz doch höher ein als Erfolg und materiellen Gewinn; wenngleich er ihnen natürlich nicht abgeneigt ist!

Der Blick für die Situation

Wenn ein Krebs über genügende finanzielle Mittel verfügt, wird er mit seinem Einfühlungsvermögen und seiner Intuition den richtigen Zeitpunkt erkennen (erfühlen!), an dem er zu handeln hat. Er wird dann mit großer Zielstrebigkeit und Genauigkeit seine Mittel einsetzen und das Ergebnis erzielen, das er sich vorgenommen hat.

Der geschäftstüchtige Krebs

Der Krebs besitzt einen angeborenen Geschäftssinn, obwohl er ihn sich manchmal selbst nicht ganz erklären kann. Aus seiner Intuition heraus fällt er die richtigen Entscheidungen. Bei Nachfragen kann es dann vorkommen, dass der Krebs irgendeine wirre und rational nicht nachvollziehbare Erklärung von sich gibt, die keiner versteht. Für ihn ist dies auch gänzlich unerheblich, denn er hat die richtige Entscheidung ohnehin ***erfühlt***.

Ehrgeiz und Beharrlichkeit

Von einem ausgeprägten inneren Ehrgeiz angetrieben, vermag der Krebs Erstaunliches zu leisten. Hinzu kommt seine Ausdauer. Ein Krebs ermüdet nicht sehr schnell. Hartnäckig und beharrlich verfolgt er seine Ziele, und wenn andere bereits erlahmt sind und aufgrund der vielen Schwierigkeiten ermüdet die Waffen gestreckt haben, gibt der Krebs noch lange nicht auf und nähert sich mit kleinen Schritten unaufhaltsam dem angestrebten Erfolg.

Der umsichtige Krebs

Die manchmal übergroße Vorsicht und die ausgeprägte Sparsamkeit machen im Berufsleben aus dem Krebs zwar keinen vor Ideen sprühenden Geschäftspartner, aber er wird das erarbeitete oder ihm anvertraute Geld auch nicht leichtfertig oder sinnlos ausgeben, sondern wohlüberlegt und verantwortungsbewusst einsetzen.

Der Krebs wird immer auf „Nummer sicher" gehen und die großen Risiken meiden.

Der Geschickte

Krebse verfügen über eine enorme handwerkliche Geschicklichkeit – auch wenn Ausnahmen hier die Regel bestätigen! Da sie zudem über einen feinen Sinn für Schönheit und Ästhetik verfügen, gehen diese mit ihrer Geschicklichkeit eine glückliche Verbindung ein. Das Ergebnis können ausgesprochen zauberhafte Gegenstände oder kleine Kunstwerke sein.

• Tierliebe

Krebse zeichnen sich durch eine große Tierliebe aus. Alle Berufe in diesem Umfeld, vom Tierpfleger über den Tierarzt bis zum ökologischen Artenschützer, wären eine ideale Wahl für den Krebs. Hier kann er sein Mitgefühl und seine liebevolle Wesensart im Umgang mit den jüngeren Geschöpfen aus dem Tierreich verwirklichen.

Wenn die kleinen Vierbeiner ihm dann noch, auf ihre Art, ihre Zuneigung und Dankbarkeit ausdrücken, fehlt ihm nichts mehr zum Glück.

• Die Gründlichen

Krebse sind eher bedächtig und umsichtig in ihrem Handeln als voreilig und hektisch. Sie zeichnen sich durch Gründlichkeit und Genauigkeit aus, nicht unbedingt durch besonders flinkes und schnelles Reagieren. Doch auch hier kann man nur von einer grundlegenden Tendenz sprechen, zu der es einige Ausnahmen gibt.

• Handel und Wandel

Der Handel wird die berufliche Domäne des Krebses in der freien Wirtschaft sein. Hier kann er außerordentlich erfolgreich wirken, da er bei allen Fragen von Import und Export vorsichtig und behutsam abwägt. Ein Krebs wird selten auf das falsche Produkt setzen. Abgesehen von seiner intuitiven Art, wird er die Absatzmöglichkeiten seiner neuen Waren sorgsamst abwägen und den Markt genau erforschen.

Da der Krebs zudem die Eigenschaft aufweist, sich alle Dinge bezahlen zu lassen, wird ihm diese Charaktereigenschaft gerade im Bereich des Handels außerordentlich nützlich sein.

Vertrauen Sie also einem Krebs die Import- oder Exportgeschäfte an. Es wird sich auszahlen!

Abneigungen

• Nur keine Hetze

Es kann keinen Zweifel daran geben, dass Krebse nichts mehr hassen, als in der Arbeit angetrieben zu werden. Sie verfügen über ein eigenes, über *ihr* Arbeitstempo. Niemand sollte gefälligst den Versuch unternehmen, ihnen diesbezüglich hineinzureden. Ob das Tempo nun eher hoch oder eher niedrig ist, setzen sie gemäß ihren eigenen Vorstellungen fest.

Es ist besser, Krebse dabei nicht zu bevormunden.

• Bitte nicht kritisieren

Wenn Sie schon einen Krebs im Berufsleben kritisieren müssen, dann lassen Sie bitte äußerste Vorsicht und Behutsamkeit walten. Niemals in Gegenwart anderer und niemals bei schlechter Stimmung kritisieren.

Krebse verabscheuen Kritik seitens ihrer Mitarbeiter oder seitens ihres Chefs/ihrer Chefin. Wenn sie diese noch dazu im falschen Augenblick anbringen, reagieren Krebse häufig überzogen und überaus empfindlich.

Der scheue Krebs

Krebse scheuen in der Regel das Licht der Öffentlichkeit. Wenn es darum geht, sich im Rampenlicht zu präsentieren, wird sich der Krebs kaum in die erste Reihe vordrängeln.

Trotzdem ist der Krebs in der Lage, vor einer großen Menschenmenge eine flammende Rede zu halten. Der Auslöser dafür wird aber immer ein idealistisches Anliegen sein, das ihn genügend stark motiviert, um seine Scheu zu überwinden und nach außen zu gehen.

Krebse mögen es durchaus, wenn sie ***gesehen*** werden; es sollte aber um ihrer selbst willen geschehen. Dabei können sie nicht so recht verstehen, dass es schwierig ist, wenn man auf der einen Seite gesehen werden will, sich aber auf der anderen Seite scheu zurückzieht und seine Ruhe haben möchte. Aber diese Widersprüche sind dem Krebs ja nur allzu gut bekannt.

Die Stillen im Lande

Die Krebse zählen zweifelsfrei zu den Stillen im Lande. Sie bevorzugen es, ohne Lärm und Aufsehen im Verborgenen zu arbeiten. Aus dieser Stille heraus sind sie effektiv und überaus erfolgreich.

Schönheit auch am Arbeitsplatz

Krebse mögen es nicht, wenn sie ihren Job an einem unschönen Arbeitsplatz verrichten müssen. Auch der Raum, in dem sie arbeiten, muss gemütlich und behaglich sein, sonst fühlen sich die Krebse nicht wohl.

Es erübrigt sich daher fast die Feststellung, dass gerade für die Krebse eine Fabrikarbeit an schweren Maschinen oder eine Akkordtätigkeit am Fließband nicht geeignet ist. Eine solche Tätigkeit fällt Krebsen um ein Vielfaches schwerer als anderen Menschen.

• Die Messlatte

Krebse sind häufig damit beschäftigt, ihre Leistung an den Leistungen anderer zu messen. Das kann so weit führen, dass sie schließlich über die Ungerechtigkeit der Welt zu lamentieren beginnen, anstatt die Ärmel hochzukrempeln und sich ins Zeug zu legen.

• Erholung tut not

Krebse verfügen nicht über eine unbegrenzte Lebenskraft. Sie benötigen immer wieder Ruhephasen und Zeiten der Erholung und der Entspannung. Wenn sie diese nicht finden, werden sie schnell übel gelaunt und missmutig. Manchmal heißt dies jedoch nur, dass sie bereits aus dem letzten Loch pfeifen.

• Vorsicht ist die Mutter der Porzellankiste

Krebse zeigen eine natürliche Abneigung gegen Grobheit und Gewalt. Zum einen mögen sie es generell nicht, und zum anderen gefährdet es natürlich ihre eigene Sicherheit und wirkt verletzend und bedrohlich. Dabei spielt es keine Rolle, ob es sich um Gerüchte über ihre Person oder um einen bedrohten Arbeitsplatz handelt.

Derartige Geschehnisse verunsichern den Krebs und können zu extremen Stimmungsschwankungen führen.

• Der Vertrauensbruch

Was der Krebs wirklich hasst und innerlich zutiefst verabscheut, ist der Bruch seines Vertrauens. Wenn es in seinem engen Freundes- oder Bekanntenkreis zu einem solchen Fall von Vertrauensbruch gekommen ist, werden umgehend Gefühle von Lieblosigkeit oder Gedanken von Undankbarkeit in ihm aufsteigen. Damit wird er dann lange Zeit zu kämpfen haben. Krebse vergessen nun einmal nichts.

• Ordnung und Zwang

Obwohl der Krebs Beharrlichkeit und das konsequente Befolgen eines Entschlusses praktiziert, sind diesem Sternzeichen doch alle von außen auferlegten Zwänge sowie eine vorgeschriebene Ordnung zuwider. Krebse verfügen über eine eigene Systematik und ihre persönliche Planvorgabe. Zudem lassen sie sich von Natur aus sehr gerne treiben und nicht durch äußere Zwänge gängeln. Krebse sind sehr eigenwillige und schwer zu dirigierende Geschöpfe.

• Pflichten und Neigungen

Ein Krebs wird es immer bevorzugen, gemäß seinen Neigungen zu handeln. Seine Pflichten werden ihm schnell zuwider und werden gerne zur Seite geschoben.

Bis ein Krebs seine Steuererklärung ausarbeitet, kann es wirklich lange dauern. Es sei denn, er gehört zu den wenigen Krebsen, die derartige Pflichten gerne auf sich nehmen. Aber diese sind in der Tat handverlesen.

Vorgesetzte und Mitarbeiter

• Der freundliche Kollege

Krebse sind in den meisten Fällen angenehme Mitarbeiter und freundliche, allseits beliebte Kollegen. Sie zeigen wenig Neigung, sich auf Kosten anderer in den Vordergrund zu spielen.

Mit ihrer menschlichen Art und ihrer großen Herzlichkeit sind sie in jedem Team gerne willkommen.

• Der Krebs auf der Karriereleiter

Erhält ein Krebs in seiner Firma die Gelegenheit, beruflich weiterzukommen, so wird er sich mit großem Engagement in sein neues Aufgabenfeld stürzen. Der Krebs ist durchaus an der Karriereleiter interessiert, aber er wird niemals versuchen, einen Kollegen oder eine Kollegin aus der nächsthöheren Position zu verdrängen.

Der Krebs hat schließlich alle Zeit der Welt – und irgendwann geht der Kollege X oder die Kollegin Y ja in Pension.

Der sichere Arbeitsplatz

Für den Krebs spielt die krisenfeste Stellung eine enorm wichtige Rolle. Der sichere Arbeitsplatz ist für ihn von entscheidender Bedeutung, denn andernfalls wird er permanent verunsichert sein und sich über seine wirtschaftliche Zukunft sorgen.

Die berufliche Sicherheit wird für den Krebs immer auch den Ansporn bieten, sich zu qualifizieren und eine Stufe auf der Karriereleiter nach oben zu steigen.

Die tägliche Streicheleinheit

Auch in seinem Berufsleben benötigt der Krebs ein wenig Schmeichelei und Lob für seine großartige Arbeit. Das tägliche Kompliment ist für den Krebs genauso wichtig wie das tägliche Brot.

Denken Sie beim Krebs stets: Der Krebs lebt nicht vom Brot allein!

Der anspruchsvolle Chef

Der Krebs stellt als Chef relativ hohe Ansprüche an seine Mitarbeiter. Für ihn zählt nicht allein die korrekte Durchführung der Arbeit, er erwartet zusätzlich noch ein inneres Engagement. Die Arbeit soll ***mit Herz*** ausgeübt werden. Zwar sind diese beiden Aspekte im Prinzip zu vereinen; aber es dem Krebs-Chef immer und in allen Punkten recht zu machen, ist eine hohe Kunst.

Notfalls kann man aber den Krebs um Rat fragen, er hat mit Sicherheit den richtigen zur Hand!

Keine faulen Tricks

Sie sollten sich immer vor Augen halten, dass Ihr Chef, sollte er ein Krebs sein, über ein phänomenales Gedächtnis verfügt. Er merkt sich alles und jedes, und Sie sollten ihm keinesfalls mit faulen Tricks kommen. Missbrauchen Sie zudem niemals das Vertrauen eines Vorgesetzten, der unter dem Sternzeichen Krebs geboren wurde.

Einmal das Vertrauensverhältnis verspielt – immer verspielt.

Leistung ist gefragt

Krebse in der Chefetage wollen Leistung sehen. Sie kennen die Gesetze des Marktes und wissen genau – nur mit Leistung ist in unserer Zeit Geld zu verdienen. Manchmal kann es dann geschehen, dass im Krebs seine materialistische Ader durchbricht und er im Chefsessel nur noch an die Dividenden und die Umsatzsteigerung denkt. Hier muss ihn dann ein Mitarbeiter einfühlsam an die „Verelendung" seiner Angestellten erinnern. Das wird sein Herz rühren!

Trotzdem wird der Krebs als Chef Leistung für das Gehalt sehen wollen, das er am Monatsende auszahlt.

Zu viele Fehlstunden

Es wird nicht lange dauern, bis Ihrem Krebs-Chef Ihre häufige Abwesenheit auffällt. Er wird Sie wahrscheinlich erst einmal freundlich zur Rede stellen und auf das richtige Hausmittel oder den fachkundigen Arzt für Ihr Wehwehchen hinweisen. Diesen Ratschlägen sollten Sie möglichst Folge leisten. Erstens sind sie gut gemeint, zweitens stellen sie einen sanften Hinweis dar.

Der Krebs schlägt damit zwei Fliegen mit einer Klappe – Menschlichkeit und Profit geben einander hier die Hand.

Selbstständigkeit

• Nicht der Traum

Selbstständigkeit stellt nicht unbedingt das Traumziel für alle jene dar, die im Sternzeichen des Krebses geboren sind. Zwar gibt es auch Selbstständige unter ihnen, aber ihr angeborenes hohes Sicherheitsstreben wird dem freien und vom Risiko geprägten Unternehmertum eher im Wege stehen.

• Der Partner

Die Sicherheit ist ein zentraler Punkt im Leben des Krebses. Er wird sich keinesfalls vorschnell in unüberlegte Unternehmungen stürzen, dazu ist er viel zu behutsam und abwägend. Allerdings könnte er sich dazu überreden lassen, als Partner bei einem risikofreudigen Unternehmer mit einzusteigen. Eher selten wird er allerdings den ersten Schritt in diese Richtung unternehmen.

Fantasie und Unternehmungsgeist

Krebse sind überdurchschnittlich klar, was die Ausrichtung ihres Lebensweges anbelangt. Sie sind daher bereit, für die eigene Firma viel Engagement und Einsatz aufzubringen. Allerdings mag ihnen ihre Gefühlsbetontheit und ihr Hang zur Fantasie im Wege stehen, wenn es darum geht, die wirtschaftlich wirklich nötigen und sachlich berechtigten Entscheidungen zu treffen. Hier kann sich der Krebs selbst im Wege stehen.

Eine Selbstständigkeit sollte daher in Berufen ausgeübt werden, in denen Kreativität und Fantasie eine bedeutende Rolle spielen. Der Krebs muss seine Qualitäten und Eigenschaften auch in seiner Selbstständigkeit verwirklichen können.

Die Realitätsferne

Krebse scheitern oft an Projekten, weil ihnen jeglicher Bezug zur Realität fehlt. Sie malen sich begeistert etwas aus, was jedoch in keiner Weise umzusetzen ist. Vermutlich haben ihnen wohlmeinende Freunde schon ein wahrscheinliches Scheitern dieser Projekte vorausgesagt, aber die Krebse wollten wieder einmal nicht hören.

Wie könnte man beim Krebs so schön sagen: Wer nicht hören will, muss fühlen!

Der Schriftsteller

Der Beruf des Schriftstellers ist dem Krebs auf den Leib geschrieben. In diesem Metier kann er seiner Fantasie freien Lauf lassen. Nur ein Krebs wie Hermann Hesse konnte eine eigene Welt der „Glasperlenspieler" erfinden, von welcher der Leser schon bald so gefangengenommen wird, dass er bald selbst nicht mehr weiß, ob es diese Welt gibt oder ob sie der Dichter nur erfunden hat.

Arbeit mit Tieren

Aufgrund seiner ausgeprägten Liebe zu Tieren könnte ein Krebs auch eine Tierpension eröffnen. Dabei sind seiner Fantasie dann keine Grenzen gesetzt, um aus einer bescheidenen Tierkrippe eine Nobelpension mit vier Hunde- oder Katzen-Sternen zu machen.

Gartenparadiese

Fast alle Krebse lieben das Gärtnern. Vom Gärtnereibesitzer bis zur freiberuflichen Floristin stehen hier eine Reihe von Berufen zur Auswahl.

Da die Liebe zu Blumen und Pflanzen auch mit einer ausgeprägten Ästhetik kombiniert ist, wäre eine Tätigkeit als Gartenbauarchitekt oder Landschaftsgärtner auch eine durchaus denkbare Karriere für den Krebs mit dem grünen Daumen.

Der musische Krebs

Krebse zeigen auch eine gewisse musikalische Begabung, ohne unbedingt zu den ausgesprochenen Musikern im Sternkreis zu zählen.

Der Innenarchitekt

Die gelungene Verbindung von praktischen Ambitionen und Schönheitssinn lässt den Krebs beste Voraussetzungen für den Beruf des Innenarchitekten mitbringen. Hier kann er seine künstlerische Neigung ausleben und dazu ein gemütliches und stilvolles Heim für andere entwerfen.

Wenn Sie eine romantische Ader haben, sollten Sie einem Krebs die Ausgestaltung Ihres Heims übertragen. Sie werden sicher nicht enttäuscht sein!

Der exquisite Koch

Krebse lieben es, zu kochen und durch ihre Kochkunst zu verwöhnen. Da sie kreativ und ohne Kochbuch kochen, zaubern sie immer wieder neue und bisher unbekannte exquisite Gerichte auf den Tisch. Natürlich genießen sie anschließend auch das Lob für ihre Kochkunst. So arbeiten sie im Hintergrund und stehen doch im Mittelpunkt des Geschehens. Eine Traumrolle für den Krebs!

Antiquitäten

Der Krebs, als Konservativer im Tierkreis, kann in diesem Beruf gleich zwei seiner Leidenschaften frönen – der Liebe zum Vergangenen und seiner Sammelleidenschaft. Die Gefahr besteht nur darin, dass die Sammelleidenschaft die wirtschaftliche Vernunft besiegt und der Krebs sein eigener bester Kunde wird.

Hier kann nur die rettende Vernunft Heilung bringen.

Der Buchhändler

Bücher sind ebenfalls eine Leidenschaft für den fantasievollen Krebs. Bücher eröffnen ihm den Zugang zu verborgenen Welten und stellen oft seine erste Begegnung mit der geheimnisvollen Außenwelt dar.

Er wird seinen Kunden auch die verschiedenen literarischen Bereiche sachkundig nahezubringen wissen, sodass die Buchhandlung sich großer Beliebtheit erfreuen wird und sich damit auch der wirtschaftliche Erfolg einstellt.

Der weinselige Krebs

Der Weinbau und der Weinhandel sind Domänen der Krebse. Sie lieben die edlen Kreszenzen, und die Zahl der Weinkenner unter ihnen ist nicht gering. Sollten Sie also zu einem Krebs zum Abendessen eingeladen werden, kaufen Sie bitte keine Billigflasche aus dem Supermarkt. Sie könnten unangenehm auffallen. Lassen Sie sich aber beraten und erscheinen mit einem edlen Bordeaux oder einem rassigen Italiener, steigen Sie mit Sicherheit in der Achtung Ihres Krebs-Gastgebers.

Gefährlich wird es für die Weinliebhaber unter den Krebsen, wenn ihre Liebe zu den edlen Tropfen und die Sammelleidenschaft zusammentreffen. Hier sollte der Krebs eine realistische Einschätzung seines möglichen zukünftigen Konsums vornehmen. Schließlich richtet er seinen Weinkeller ja nicht für seine Urenkel ein!

Kapitel 3

Der Krebs und die Liebe

Die Treue und der sanfte Pascha

Vom Ich zum Du

Der Krebs ist in der Liebe nicht egoistisch. Er schreibt das Wort „wir" mit großen Buchstaben und verleiht ihm in seinen Beziehungen großes Gewicht. Ein Krebs ist durchaus bereit, mit seinem Partner zu verschmelzen, doch bedarf es dazu einiger Voraussetzungen. Ein Krebs wird sich niemals leichtfertig oder vorbehaltlos hingeben.

Wenn der oder die Richtige kommt

Der Krebs ist von seinem ganzen Wesen her kein Draufgänger oder Aufreißer. Er ist geduldig und wartet auch in der Liebe, bis der oder die Richtige auftaucht. Wenn sie oder er dann wirklich auf der Bildfläche erscheint, wird der Krebs intuitiv wissen, dass dies der Mensch ist, auf den er gewartet hat.

Das raue Schalentier

Wenn Sie manchmal ein etwas schroffes Verhalten von einem Krebs verspüren sollten, dann schauen Sie bitte genauer hin, wer sich hinter dem rauen Schalentier verbirgt. Sie werden ein unendlich weiches und warmherziges Wesen finden, das in der Liebe sein Zuhause sucht.

In einer Liebe, die den empfindsamen Krebs hält und beschützt und ihm die Geborgenheit schenkt, die gerade er so besonders nötig hat.

Je rauer die Schale, umso schutzbedürftiger der Kern!

Der Launische mit Herz

Wenn man mit den Launen und der manchmal extremen Anhänglichkeit des Krebses zurechtkommt, wird man ein liebevolles Wesen an seiner Seite haben. Der Krebs wird sein ganzes Herz in die Beziehung zu seinem Partner legen.

Verspüren Sie allerdings eher den Wunsch nach Freiheit und möchten sich nicht unbedingt auf die komplizierte Gefühlswelt des Krebses einlassen, so sollten Sie von den unter diesem Tierkreiszeichen geborenen Sternenkindern eher etwas Abstand halten.

Die Krebse werden sich nicht ändern. Sie sind so, wie sie sind!

Der sanfte Beschützer

Man gewinnt das Herz eines Krebses besonders schnell, wenn man an sein Schutzgefühl appelliert. Zeigt man dem Krebs seine Bedürftigkeit, so ist es leicht um ihn geschehen.

Krebse benötigen auch in einer engen Beziehung das Gefühl, gebraucht zu werden. Davon können sie nie genug bekommen, auch nicht in einer Liebesbeziehung.

Trennungsschmerz

Für den Krebs ist Treue nicht nur ein Wort. Er steht fest zu seinen wirklich wichtigen Beziehungen und hält auch in Krisenzeiten daran fest. Manchmal geht er sogar einen Schritt zu weit, indem er sich zu fest an einen Partner bindet.

Wenn ein Krebs dagegen in einer Beziehung immer einen Rest von Distanz beibehält, so wird er meist aus der sehr stark ausgeprägten Vorsicht, nicht verletzt zu werden, so handeln.

Eine Trennung ist für einen Krebs keine einfache Sache. Er hängt an den schönen Erinnerungen, und die Bindungsschwäche bei Krebsen steht in ganz engem Zusammenhang mit der Sorge vor Trennung. Ein Krebs weiß intuitiv, wie schmerzhaft eine Trennung für ihn sein wird. Vor allem wenn *er* verlassen wird!

Flüchtige Abenteuer

Ein Krebs wird sich kaum auf flüchtige Abenteuer einlassen. Er weiß in seinem Herzen genau, welche Menschen für ihn wichtig und teuer sind. Eine neue Beziehung wird daher ebenfalls wieder diesen Tiefgang aufweisen – oder gar nicht erst beginnen.

Affären, die wichtige Beziehungen gefährden, wird der Krebs erst gar nicht beginnen. Er weiß, wo er steht und wo er hingehört. Beziehungen sind für ihn zu wesentlich, um sich im Reiz des Augenblicks zu erschöpfen. Wenn der Krebs liebt, liebt er aus der ganzen Tiefe seines Wesens.

Wenn die Konkurrenz auftaucht

Der eher bedächtige Krebs kann eine erstaunliche Schnelligkeit entwickeln, wenn plötzlich für seine Angebetete oder seinen Angebeteten Mitbewerber auf der Bühne des Lebens auftauchen. In diesen Situationen können die Krebse regelrecht eifrig werden und dem oder der Auserwählten mit viel Hingabe ihr Herz zu Füßen legen.

Mit einem Krebs ist man nie vor Überraschungen gefeit, dazu ist er einfach zu fantasievoll!

Der romantische Krebs

Die Krebse sind die unverbesserlichen Romantiker unter den Sternenkindern. Sie können sich jeder Stimmungslage anpassen und in jedes Herz einfühlen, sofern sie selbst sicheren Boden unter den Füßen haben. Dann kann man mit ihnen zärtliche und leidenschaftliche Nächte verbringen, mit ihnen lachen und ihnen sein Herz ausschütten.

Krebse besitzen das einzigartige Vermögen, bis zur Selbstaufgabe mit dem geliebten Partner zu verschmelzen. Am nächsten Morgen müssen sie sich dann manchmal erst wieder suchen und neu im Leben orientieren. Aber die Erinnerung an diese Nacht wird ihnen ja ohnehin bleiben.

Immer der Erste

Natürlich möchte jeder Krebs im Leben seines Partners der Erste sein! Dies sollten Sie, wenn Sie mit einem Krebs verbunden sind, niemals aus den Augen verlieren. Sie sollten auch nicht versäumen, es Ihren Krebs wissen zu lassen, dass er nach wie vor die Nummer 1 in Ihrem Leben ist. Am besten, Sie lassen es ihn täglich wissen!

Wenn der Krebs sich seiner Bedeutung in Ihrem Leben nicht mehr sicher ist, kann es zu Komplikationen kommen. Erstes Misstrauen wird sich einschleichen und hier und dort wird es zu bohrenden Fragen kommen – denn der Krebs ist hartnäckig.

Wird in einer Beziehung die Lage so schlecht, dass die Übellaunigkeit des Krebses zum Vorschein kommt, sind die besten Tage vorüber. Denn mit ***diesem*** Krebs ist wirklich nicht gut Kirschen essen.

Die Familie

Der Krebs ist ein besonders ausgeprägtes „Familientier". Er liebt es, die ganze Familie unter einem Dach zu vereinen. Damit einher geht natürlich der Wunsch, dass sich Eltern und Schwiegereltern, Oma und Opa und alle Enkelkinder prächtig miteinander verstehen. Wo sollen denn schon Probleme herkommen?

In diese häusliche Idylle wird der Krebs dann seinen Partner versetzen. Und natürlich hat sich dieser in jenem Kreis ebenfalls wohlzufühlen. Alles andere würde den Krebs in erhebliche innere Konflikte stürzen, zu deren Lösung er Einiges unternehmen müsste.

Das Familienglück im trauten Heim geht dem Krebs über alles. Ist dieses getrübt, durch welche Gründe auch immer, so ist er einer gefühlsmäßigen Zerreißprobe ausgesetzt, für die vielleicht nur ein echter Krebs Verständnis haben kann.

Spielen Sie in diesem Gesamtkunstwerk eine Rolle, so wäre es ratsam, den Groll auf die Schwiegermutter notfalls für ein Wochenende zu unterdrücken. Die Bindung zu Ihrem Krebs wird weitaus harmonischer verlaufen als im gegenteiligen Fall.

Die vollkommene Geborgenheit

Mehr als alle anderen Geschöpfe des Tierkreises suchen die Krebse nach Geborgenheit und Liebe in ihren Beziehungen und Partnerschaften. Aus diesem Grund leiden sie auch mehr als andere an Beziehungskonflikten.

In einer unharmonischen Ehe oder Partnerschaft verarmen die feinfühligen Krebse innerlich. Möglicherweise werden sie sich aus einer solchen unglücklichen Verbindung auch nur schwer lösen können und noch endlos lange leidend daran festhalten.

Ein Grund für solches Verhalten könnten gemeinsame Kinder sein, die gerade Krebse über alles lieben und gut versorgt wissen wollen. Hier wäre manchmal die Einsicht hilfreich, dass ein Ende mit Schrecken besser ist als ein Schrecken ohne Ende. Aber einem Krebs ist diese Einsicht besonders schwer zu vermitteln, da er nun einmal der geborene Familienmensch ist.

Doch die Familie kann nur dann ihren tieferen Sinn erfüllen, wenn sie eine harmonische Basis für gemeinsames Wachstum bietet. Dies sollte der Krebs nicht aus den Augen verlieren, wenn er in einer unerfüllten Verbindung ausharrt bis zum bitteren Ende. Eine frühere Trennung wäre wahrscheinlich heilsamer und hilfreicher für alle Beteiligten gewesen.

Der Krebs-Mann

• Der Familienmensch

Der Krebs-Mann liebt seine Familie und seine Partnerin über alles. Doch trotz aller Hingabe und Zuwendung ist es für sein Gegenüber nicht immer leicht, mit dem männlichen Krebs auszukommen. Immer wieder wird er unter der Zerrissenheit seiner Gefühlswelt leiden. Dazu kommen Phasen extremer Launenhaftigkeit, die sich noch dazu in recht kurzen Zeitspannen abwechseln.

In solchen schwierigen Phasen benötigen die Krebs-Männer sehr viel Anerkennung und Zuneigung. Um solche Krisen zu bewältigen, bedarf es einer äußerst sensiblen Partnerin, die zudem noch auf ihren eigenen Füßen stehen muss. Sie muss verstehen und verzeihen können und dennoch bereit sein, sich vom innersten Wesen her zu verschenken.

Ein Krebs-Mann stellt eine nicht unerhebliche Herausforderung für seine Partnerin dar.

Der sanfte Pascha

Ein Krebs-Mann neigt schon durch seinen Hang zur Tradition zum Pascha. Er wird zwar keine Lanze mehr für die alte Rollenverteilung und das überlieferte Männerbild brechen; aber ein Hauch von diesen alten Strukturen bleibt auch an dem aufgeschlossenen Mann einer neuen Zeit hängen.

Er kann es nicht leugnen, dass er sich einfach liebend gerne umgeben von fürsorglichen Frauenhänden sieht. Wenn sie dann noch lächelnd in der Tür steht, wenn er von der harten Tagesarbeit nach Hause kommt – dann ist die Welt für den Krebs-Mann in Ordnung.

Die Hauptrolle

Liebe, Beziehung und Familie sind für den Krebs-Mann eine äußerst ernste Angelegenheit. Sie stehen für ihn im Mittelpunkt seines Lebens, er wiederum steht bei seinen Lieben im Mittelpunkt. Diese Hauptrolle darf ihm keiner nehmen, außer vielleicht in bestimmten Situationen seine Kinder.

Der Liebenswerte

Männliche Krebse sind meistens ausgesprochen charmant und liebenswert. Da sie die Liebe mit großem Ernst angehen, kann ihre Partnerin ihnen blind vertrauen. Da sie zudem über ein zartes und liebevolles Wesen verfügen, werden sich die weiblichen Sternenkinder gerne in männliche Krebse verlieben. Sie können reizend und originell um die Dame ihres Herzens werben, aber erst wenn sie ihrer Sache ganz sicher sind und die entsprechenden Signale von der Gegenseite empfangen haben – dann sind sie bereit, ihre ganze Liebe zu offenbaren.

Krebse haben Geduld; und man/frau muss auch Geduld mit ihnen haben.

Auf der Suche nach der Feinfühligen

Krebsen sind Grobheiten verhasst. Daher werden auch die Männer unter ihnen Ausschau halten nach den feinfühligen Vertreterinnen des Tierkreises. Wenn sie eines dieser zarten Wesen gefunden haben, werden sie es gerne verwöhnen – und sich auch selbst verwöhnen lassen. Natürlich hübsch abwechselnd, damit keiner von beiden zu kurz kommt!

Wenn sie die Fantasie hereinlegt

Krebs-Männer, die noch immer auf der Suche nach der idealen Traumfrau sind, müssen auf der Hut sein. Die fehlende liebevolle Partnerin lässt sie ein wenig ins Schwimmen kommen, was dazu führt, dass ihre Fantasie mit ihnen durchgeht. Aufgrund dieser übertriebenen und völlig fantastischen Vorstellungen verlieben sie sich prompt und gerne in die ***Falsche***. In diese Traumgestalt, die dann von der Wirklichkeit schrecklich schnell demaskiert wird, interpretieren sie alle Züge und Eigenschaften ihrer Traumfrau – und das Ende ist vorprogrammiert.

Hier gilt es für den Krebs, auch auf Freiersfüßen die Vernunft nicht völlig auszuschalten.

Das Heimchen am Herd

Am liebsten lebt der Krebs-Mann seine Beziehungen im eigenen Heim. Ergänzt durch einige gute Freunde und die unvermeidlichen Familientreffen, wird der Krebs bald zum männlichen „Heimchen am Herd“. Er ist in dieser Rolle in der Regel recht zufrieden und vermisst in seiner Beziehung nichts.

Es besteht allerdings in diesen Fällen die konkrete Gefahr, dass der in einer glücklichen Zweierbeziehung lebende Krebs übersieht, wie sein Freundeskreis von Monat zu Monat, von Jahr zu Jahr immer mehr schrumpft, bis nur noch eine Handvoll guter Freunde übrig geblieben ist.

Die Frau fürs Leben

Krebs-Männer können, von wenigen Ausnahmen abgesehen, nur schwer allein leben. Manchmal täuscht der unternehmungslustige Krebs etwas anderes vor, aber im Grunde seines Herzens sucht er nur nach der idealen Frau fürs Leben. Vielleicht wird es ja eine endlose Suche sein, aber, wie schon gesagt, der Krebs ist so, wie er ist. Er wird sich auch hinsichtlich der Suche nach der absoluten Traumfrau nicht ändern.

Außen rau und innen weich

In vielen Fällen neigen die männlichen Krebse dazu, den Starken zu spielen. Der Grund dafür dürfte aber allein darin zu suchen sein, dass sie in ihrem Inneren unendlich weich und sensibel sind. Die Krebs-Männer sind nun einmal die ewigen Romantiker des Sternkreises. Manchmal ein wenig altmodisch, vereinen sie ebenso viele Stärken wie Schwächen in sich.

Da die Romantik zugleich eine Zeit des Tiefsinns ist, wird auch die Partnerin des Krebses von seiner seelischen Tiefe Inspiration und Sinnfindung empfangen.

Die Krebs-Frau

• Die Versorgerin

Ein weiblicher Krebs geht ganz stark in der Rolle der „großen Versorgerin" auf. Sie liest ihrem Liebsten die Wünsche von den Lippen ab und gibt sich ihm ganz hin. Allerdings darf er nicht aus den Augen verlieren, mit welch einem außerordentlich komplizierten Seelenleben seine geliebte Krebs-Frau ausgestattet ist.

• Starke Arme erwünscht

Die weiblichen Krebse suchen den festen Halt, die beschützenden Arme, die sich zärtlich um sie legen und die Gefahren der Welt von ihnen fernhalten.

Krebs-Frauen sind stets auf der Suche nach den feinfühligen und einfühlsamen männlichen Wesen des Sternkreises. Grobe Gesellen und die Machos des Tierkreises haben bei ihnen keine Chance.

Niemand kennt ihr Innenleben

Krebs-Frauen sprechen selten über ihre Bedürfnisse. Sie setzen dabei manchmal voraus, dass ihr Partner ihr Innenleben kennt, oder besser gesagt erahnt, und entsprechend handelt. Es liegt auf der Hand, dass diese Vorgehens- und Verhaltensweise Probleme mit sich bringt. Niemand versteht diese Krebs-Frauen vollständig. Und sie selbst fühlen sich natürlich andauernd missverstanden.

Vielleicht sollten sie den Schlüssel zur Veränderung in sich selbst suchen?

Du bist die Beste

Weibliche Krebse sind überaus sensibel, warmherzig und liebevoll. Sie wissen dies auch, trotzdem möchten sie es immer wieder von *ihm* hören. Bestätigen Sie also Ihrer Krebs-Partnerin regelmäßig, mindestens einmal pro Woche, dass sie die einzige, die schönste, die zärtlichste und die begehrenswerteste Frau der Welt ist. Sie wird es Ihnen nicht vergessen. Und schließlich ist sie ja auch ein zauberhaftes Geschöpf. Oder nicht?

Romantische Nächte

Auch die weiblichen Krebse zählen zu den großen Romantikerinnen des Tierkreises. Sie lieben es, in romantischer Stimmung eine verträumte Nacht zu verbringen.

Mit ihrem Liebsten unter dem Sternenhimmel zu liegen und zu träumen, wird ihnen unvergesslich bleiben. Auch Krebs-Frauen behalten die geheimnisvollen Liebesnächte in ewiger Erinnerung.

• Im Meer der Gefühle

Weibliche Krebse lassen sich vollständig von ihren Gefühlen beherrschen, da hilft auch nicht der gutgemeinte Ratschlag des besten Freundes oder der besten Freundin. Liebe macht die Krebs-Frau blind.

Solange sie noch auf der Suche nach dem Richtigen ist, wird sie alle Register ziehen und Einiges ausprobieren. Dabei wird sie immer von der Überzeugung erfüllt sein, endlich den Richtigen gefunden zu haben. Selbst wenn alle Welt dies anders sieht, wird sie das nicht in ihren Gefühlen schwanken lassen.

• Die treue Seele

Krebs-Frauen benötigen lange Zeiträume, um sich zu Veränderungen durchzuringen. Sie halten eher an Bewährtem fest und zögern vor dem Schritt nach vorne. Sie sind alles andere als sprunghaft, sondern sehr treue Seelen. Sie verschenken sich an den Einen und halten an ihm fest; und beim Auftauchen einer Nebenbuhlerin können sie ausgesprochen empfindlich reagieren. Schließlich ist es *ihr* Mann.

Madonna und Drachen

Romantisch, mystisch, zärtlich, liebevoll und voller wechselnder Stimmungen machen es Krebs-Frauen ihrem Partner leicht und schwer zugleich. Gerade noch hat er einen traumhaft schönen Abend mit der wunderbarsten Frau der Welt verbracht, da wacht er am Morgen neben einem Drachen auf. Was für ein Wechselbad der Gefühle für den Partner.

Niemand weiß, was der nächste Tag bringt, am wenigsten jedoch wissen es die Krebs-Frauen!

Sie braucht Geborgenheit

Den größten Gefallen, den man einer Krebs-Frau erweisen kann, ist der, sie so zu nehmen, wie sie ist. Wenn er sie liebevoll in den Arm nehmen kann, wenn sie wieder einmal ein Opfer ihrer Launen wurde, dann ist das der beste Weg, auf dem sie wieder zu ihrem seelischen Gleichgewicht finden kann.

Die zartbesaiteten Wasser-Frauen sind einfach schwer zu verstehende Geschöpfe. Bezaubernd und berückend, aber rätselhaft und geheimnisvoll.

Die Ur-Mutter

Die weiblichen Krebse verkörpern in gewisser Hinsicht die Ur-Mutter. Alle weiblich-mütterlichen Qualitäten finden in ihnen ihre vollendete Gestalt.

Gelegentlich vergleicht man die weiblichen Krebse mit einer Schale, welche die ganze Familie auffängt. Leider vergisst sie sich häufig selbst dabei und wird sich später energisch zu befreien versuchen. Dieser Prozess wird ihr viel Kraft und Anstrengung abverlangen, und an seinem Ende wird oft ein launischer Rückzug in die eigene Innenwelt stehen.

Zart besaitet

Krebs-Frauen sind oft von schmaler Gestalt und nicht gerade mit gewaltigen Körperkräften ausgestattet. Sollten sie gelegentlich über Erschöpfung klagen, dann lassen Sie sie am besten in Ruhe und verwöhnen Sie sie. In diesem Fall ist es kurz vor zwölf und die Batterie mit den Lebenskräften ist völlig leer.

Der Krebs und seine Beziehungen

Der Krebs und der Widder

Ein Leben am Nord- und Südpol

Der Krebs ist dem Widder einfach zu weich. Er legt, nach seinem Geschmack, viel zu viel Gewicht auf Herzensdinge, anstatt sich zu neuen Abenteuern überreden zu lassen. Außerdem hat der Krebs viel zu nah am Wasser gebaut; und diese Tränenflut macht dem Widder zu schaffen.

Der Wunsch nach Behutsamkeit und die Feinfühligkeit des Krebses finden im Widder einfach keinen Widerhall. Zudem fehlt dem Krebs sein unbedingt notwendiges Quantum an Streicheleinheiten. Auf sie kann er einfach nicht verzichten.

Es wird schwer werden zwischen Krebs und Widder, sie sind viel zu unterschiedlich geprägt.

Der Krebs und der Stier

Die Gemütlichen

Die Kombination zwischen Stier und Krebs ist, grundsätzlich betrachtet, keine schlechte Wahl. Sie lieben beide ein gemütliches Zuhause und werden dort nicht nur viele gemeinsame Stunden, sondern auch etliche zärtliche Momente miteinander verbringen.

Der Stier ebenso wie der Krebs halten treu aneinander fest, da sie beide ein gehöriges Maß an Sicherheit benötigen. Sie müssen allerdings aufpassen, dass zu viel Sicherheit keine Langeweile in ihrer Beziehung die Oberhand gewinnen lässt.

Der eher ausgeglichene Stier wird mit der Zeit allerdings seine liebe Not mit der Launenhaftigkeit des Krebses bekommen.

Seine Stimmungen und ungewöhnlichen Einfälle findet der Stier völlig unnötig und unpassend. Dies wiederum kann der Krebs gar nicht nachvollziehen.

So kann es geschehen, dass der Krebs den Stier als unsensibel und viel zu wenig feinfühlig empfindet. Was für den Stier natürlich nicht gerade ein Kompliment darstellt – und leider durchaus auf einer konkreten Wirklichkeit aufbauen kann. Hier müssen die beiden schwer an sich selbst arbeiten, um eine Beziehung oder langfristige Partnerschaft erfolgreich zu gestalten.

Ein noch größeres Problem stellen für den empfindsamen Krebs die gelegentlichen stierischen Zornesausbrüche seines Partners dar. Damit kann er nun überhaupt nichts anfangen und zieht sich verschreckt zurück. Es wird den Stier einige Mühe kosten, den Krebs wieder aus seiner inneren Emigration zurückzuholen und ihm klarzumachen, dass alles nicht so böse gemeint war.

Zwischen den beiden ist viel Verständnis gefragt!

Der Krebs und der Zwilling

Offenheit und Tiefgang

Die Verbindung von Zwilling und Krebs enthält fördernde und hemmende Aspekte, und zwar von beiden Seiten.

Sicher wird der Zwilling in der Verbindung zum häuslichen Krebs eine gewisse Geborgenheit finden. Der Krebs bereitet ihm ein Heim, wenn er von seinen zahllosen Abenteuern und Eskapaden einmal Ruhe und Muße zum Sammeln neuer Kräfte benötigt. Allerdings könnte es schon nach einiger Zeit geschehen, dass der Zwilling es als störend empfindet, den Krebs dauernd am Rockzipfel hängen zu haben, was symbolisch, aber auch realistisch gemeint ist.

Der Krebs wird in die Beziehung den Tiefgang einbringen, die dem Zwilling oft fehlt; der Krebs dagegen lernt vom Zwilling Offenheit im Austausch und Klarheit im Ausdruck der eigenen Wünsche und Bedürfnisse.

Wenn aber der Zwilling, wieder einmal in Partystimmung, den Krebs in Flirtlaune von einem Fest zum nächsten hetzt, dürfte es auf der Krebs-Seite viele Tränen geben. Hier stehen zwei sehr verschiedene Lebensauffassungen einander gegenüber, die sich bereichern, aber auch verletzen können. Es hängt ganz von der Reife der beiden Beteiligten ab, was sie daraus machen.

Wenn der Zwilling mit seiner schnellen Zunge den Krebs zurechtweist, wird es um den häuslichen Frieden schnell geschehen sein; die sich daran anschließende miese Stimmung wird wiederum den Zwilling aus dem Haus jagen. Ein schwieriger Kreislauf, der nur mit viel Wachheit in den Griff zu bekommen ist.

Der Krebs und der Krebs

Doppelt kompliziert

Krebse untereinander lieben sich, verstehen sich – und können sich auch hassen. Die Welten der beiden Krebse sind in hohem Maße identisch, und da sie in der Regel keine einfachen Charaktere sind, wird das Zusammenleben darum doppelt so kompliziert.

Wenn sich die beiden Krebse gut verstehen, können sie natürlich die vollkommene Gemütlichkeit erzeugen, miteinander lachen und sich in romantischer Stimmung vereinen. Die Schwierigkeiten beginnen, wenn diese Einheit zu zerbrechen beginnt. Dann wäre ein Fels in der Brandung notwendig, der Launenhaftigkeit und Stimmungstiefs zu überwinden hilft. Hier sind sich die beiden Krebse zu ähnlich, um von sich aus einen Weg aus der Krise zu finden.

Krebse können sich das geben, was sie beide lieben, aber sie vermögen nur schwer gemeinsame Herzensprobleme miteinander zu lösen. Fühlt sich noch dazu einer der beiden Krebse ungerecht behandelt, beginnt das große Aufrechnen. Wenn es erst einmal so weit gekommen ist, finden die beiden zerstrittenen Krebse nur schwer wieder in Liebe zusammen.

Es kann eine traumhafte Kombination werden; es kann sich aber auch zu einer lang anhaltenden Krisenbeziehung entwickeln.

Der Krebs und der Löwe

Das Ungleichgewicht der Kräfte

Am Anfang einer Beziehung kann es zwischen dem Krebs und dem Löwen durchaus zu einer starken Anziehung kommen. In der Regel wird sich diese so entwickeln, dass der Krebs schwach und der Löwe stark wird. Je länger die Verbindung anhält, desto mehr zeichnet sich ab, dass der Löwe dem Krebs zu stark wird, der Krebs hingegen dem Löwen zu anstrengend.

Löwen zeigen sich gerne als Herrscher und bevormunden ihre Partner, was dem Krebs gar nicht behagt. Vielleicht wird sich die Krebs-Frau noch von den löwenhaften Gebärden locken lassen; aber dem Krebs-Mann wird die Löwin einfach zu dominant. Schon nach relativ kurzer Zeit wird die anfängliche Attraktion einer ziemlichen Ernüchterung gewichen sein. Die Romantik muss einer profanen Sachlichkeit weichen und die ersten Diskussionen beginnen.

Da der Löwe kaum sein Gebrüll einstellen wird, um sich zu den Schafen zu legen, endet die Beziehung zwischen ihm und dem sanften Krebs wahrscheinlich mit vielen Tränen auf seiten des Krebses.

Ein eher ungleiches Paar, dem mehr Schwierigkeiten als harmonische Stunden winken.

Der Krebs und die Jungfrau

Die Verlässlichen

Zwischen diesen beiden Mitgliedern des Sternkreises wird es recht geordnet zugehen. Zuerst wird einmal ein gemeinsames Nest errichtet. Hier sind sich die beiden Partner ganz einig. Wenn es ihnen dann auch noch gelingt, sich beim Bau oder Kauf des Hauses finanziell nicht zu übernehmen, dann wird es vorerst richtig herzlich und gemütlich im Haus von Krebs und Jungfrau.

Nach längerer Zeit des Zusammenlebens kann es jedoch geschehen, dass der Krebs der Jungfrau zu wenig konkret erscheint. Nur Liebenswürdigkeit genügt ihr nicht mehr, es sollte schon etwas handfester sein. Jetzt ist viel Einfühlungsvermögen und Verständnis gefragt.

Jenseits der Ebene der Liebespaare können Krebs und Jungfrau eine nahezu vollkommene Verbindung eingehen, denn beide sind außerordentlich verlässlich. Verlieben sie sich doch ineinander, können sie sich zumindest auf einen treuen Partner einstellen. Alles andere wird sich zeigen.

Der Krebs und die Waage

Eine schwankende Angelegenheit

Auch zwischen dem Krebs und der Waage kann es anfänglich durchaus zu einer starken Anziehung füreinander kommen, die allerdings eine merkliche Abkühlung erfährt, wenn der Krebs mit der ungebrochenen Flirtlust der Waage konfrontiert wird. Hier hört für ihn der Spaß auf, dazu ist die Liebe doch eine viel zu ernste Sache.

Beide Sternzeichen sind durch starke Stimmungsschwankungen gekennzeichnet. In diesem labilen Gleichgewicht findet der Krebs nur schwer die Sicherheit, die er benötigt. Wahrscheinlich hat der Krebs gerade mit einem gewaltigen seelischen Tief zu kämpfen, während die Waage einen ihrer Begeisterungsanfälle durchlebt. Aus dieser Unsicherheit heraus lässt sich nur schwer eine stabile innere Bindung aufbauen.

So muss man eher davon ausgehen, dass es dem Krebs und der Waage nur mit Mühe gelingen wird, zusammen die Sonnenseiten des Lebens zu erkunden und dann auch gemeinsam zu erleben.

Der Krebs und der Skorpion

Mit viel Gefühl

Zwischen den zwei Wasser-Zeichen kann sich durchaus etwas Positives entfalten. Zuerst muss der Krebs allerdings seinen Schrecken überwinden, dass der Skorpion ihn einfach ***will*** – und zwar mit Haut und Haaren. Wenn er über diesen Schock hinwegkommt, könnte aus den beiden noch etwas werden.

Zwischen den beiden gefühlsbetonten Sternzeichen wird es zumindest eine Basis in den gemeinsamen Plänen zum Hausbau und zum Aufbau einer Familie geben. Das ist schon einmal ein guter Start und eine tragfähige Basis. Wenn dann noch eine feinsinnige Herzlichkeit Einzug hält, steht dem gemeinsamen Glück nicht mehr allzu viel im Wege.

Allerdings darf der Skorpion eines nie vergessen: Der Stachel darf gegen den zarten und verletzlichen Krebs niemals ausgefahren werden. Andernfalls ist es mit der Harmonie und dem Seelenfrieden ganz schnell vorbei.

Der Krebs und der Schütze

Kein Sinn für Herzschmerzen

Der temperamentvolle und abenteuerlustige Schütze stellt für den zarten Krebs eine gewaltige Herausforderung dar. Der Schütze verkörpert gerade alle die Aspekte des Lebens, die der Krebs mit Unbehagen und leichtem Unwohlsein betrachtet. Wenn der Schütze immer neue Ideen und Pläne in die Beziehung einbringt, fragt sich der Krebs, wo denn die Stabilität und Sicherheit bleibt, nach der er sich sehnt, um sich anzulehnen.

Der Schütze sucht die Freiheit, wo der Krebs die Geborgenheit verankern möchte. Herzschmerzen sind nicht das Lieblingsthema des Schützen. Er bevorzugt seine höheren Ideale und bricht auf zu neuen Ufern.

Bevor der Schütze mit Herrn oder Frau Krebs der Gemütlichkeit am eigenen Heim frönt, wird er lieber zur nächsten Reise oder zum nächsten Abenteuer aufbrechen. Da bliebe dem Krebs nichts anderes übrig, als trübsinnig vor dem eigenen Kamin zu sitzen. Das sollten beide doch besser vermeiden!

Der Krebs und der Steinbock

Die Gegen-Zeichen

Der Krebs und der Steinbock stehen sich im Tierkreis im Abstand von einhundertachtzig Grad gegenüber, eine Stellung, die man als Gegen-Zeichen charakterisiert. Diese Konstellation bringt immer eine Herausforderung mit sich, da der eine vom anderen lernen kann und eine Ergänzung darstellt.

Dort, wo der Krebs aus seiner Gefühlstiefe heraus reagiert, zeigt sich der Steinbock als systematischer Denker. Mit der Romantik sieht es da eher schlecht aus.

Die romantische Komponente muss in die Kombination von Krebs und Steinbock natürlich vom Krebs eingebracht werden. Dazu bedarf es sicher einer erheblichen Aktivität seitens des Krebses, um den Steinbock in seine Welt einzuladen.

Der Krebs jedoch kann vom Steinbock lernen, den eigenen Lebensweg konstruktiv und klar anzugehen. Diese Zielgerichtetheit wird den in seinen Gefühlen schwimmenden Krebs positiv berühren. Zudem schenkt ihm der Steinbock eine ganz entscheidende Qualität – Halt und Sicherheit.

Zwischen den beiden könnte es zu einer dauerhaft haltbaren Vernunftehe kommen.

Der Krebs und der Wassermann

Gefühl und Verstand

Mit dem Krebs und dem Wassermann stoßen zwei sehr unterschiedliche Naturen aufeinander. Die berühmte Anziehung der Gegensätze lockt sie vielleicht schnell zusammen ins Bett, wo sie auch einige vergnügliche Stunden miteinander verbringen können; doch schon bald zeigen sich die Gegensätze.

Während der Krebs ganz aus seinen Gefühlen heraus lebt, wird der Wassermann seine Verstandeskräfte einsetzen und in den Vordergrund stellen. In dieser Kombination wird es daher entscheidend davon abhängen, ob es ihnen überhaupt gelingt, eine gemeinsame Sprache zu sprechen.

Auch in der Lebensführung zeigen sich erhebliche Differenzen. Während der Krebs dem Traditionellen und Bewährten zuneigt, wird der Wassermann gerade an diesen „alten Zöpfen“ seine Zweifel anmelden. Um diese weit von einander entfernten Welten harmonisch auszugleichen, bedarf es schon einer gewaltigen Bemühung von beiden Seiten.

Hier haben wir es mit zwei Sternzeichen zu tun, die auf den einander gegenüberliegenden Straßenseiten ihren Weg suchen.

Der Krebs und der Fisch

Das Traumpaar

Der Krebs und der Fisch sind die beiden Wasser-Zeichen, die sich nahezu perfekt ergänzen. Zwei Wasser-Wesen, die sich lieben!

Sie teilen eine gemeinsame Gefühlswelt, sie verbringen zärtliche Stunden voller Harmonie miteinander; und solange das Leben ihnen auf der Sonnenseite entgegenkommt, sind die beiden wie füreinander geschaffen. Sie verstehen sich ohne viele Worte und sprechen auf einer inneren Ebene die gleiche Sprache.

Die Schwierigkeiten dieses astrologischen Traumpaares werden nicht in der inneren Welt beginnen, sondern durch Probleme in der Außenwelt. Die beiden sollten sorgfältig darauf achten, nicht mit extremen Konflikten oder finanziellen Schwierigkeiten konfrontiert zu werden. Dann könnte es leicht geschehen, dass sie beide darunter leiden werden und sich in ihrem gemeinsamen Leid auch noch bestätigen – doch wer findet den Ausweg aus der Misere?

Der Krebs und der Fisch müssen lernen, dass das Leben aus einer inneren *und* einer äußeren Seite besteht. Gelingt es ihnen, beide mit einem wachen Bewusstsein zu verknüpfen, steht einer glücklichen Verbindung nichts im Wege.

Sexualität: Der Krebs-Mann

• Sex mit Herz

Der Krebs-Mann wird auch im Bett ein Romantiker bleiben. Er liebt die Kuschelstunden voller Zärtlichkeit. Sexualität ist bei ihm immer mit Herz gepaart. Er lässt sich gerne verwöhnen, aber er verwöhnt auch gerne selbst und verschenkt sich voller Hingabe an seine Partnerin.

Ein einfühlsamer Liebhaber voller Kreativität!

• Immer für eine Überraschung gut

Mit einem Krebs wird es im Bett selten langweilig. Sein Schlafzimmer weist zudem alles auf, was seine Liebste verwöhnen könnte. Hinzu kommt, dass er sich immer wieder etwas Neues einfallen lässt, was ***ihr*** beim nächsten Zusammensein eine angenehme Überraschung bereiten wird.

Sollte er sie beim nächsten Treffen mit einem Kühlschrank voller Champagner unter dem Bett überraschen – niemand dürfte sich wundern!

Am liebsten zu Hause

Der Krebs besitzt nicht gerade eine Vorliebe für extravagante Schäferstündchen in der freien Wildbahn. Piekendes Heu oder gar feuchte Wiesen sind nicht unbedingt seine bevorzugten Plätze. Er wird seine amourösen Stimmungen am liebsten zu Hause ausleben.

Sollte es trotzdem unter freiem Himmel geschehen, dann bitte am Strand und bei Vollmond. Wenn der Krebs schon seine ganze Vorsicht in den Wind schießt, dann muss auch wirklich alles stimmen. Von diesen Nächten wird er dann allerdings lange zehren.

Keine Seitensprünge

Der Krebs ist ein treuer Geselle. Seitensprünge sind nur in den seltensten Fällen ein Thema für ihn. Viele Krebse kommen nicht einmal auf die Idee. Seine Beziehung ist ihm überaus kostbar und lässt sich nur noch mit der Liebe zu seinen Kindern auf eine Stufe stellen.

Taucht dann plötzlich doch eine andere Frau in seinem Leben auf, wird es meistens ernst. Sie stellt eine wirkliche Herausforderung für die alte Beziehung dar, denn für ein Abenteuer aus Lust und Laune ist der Krebs nicht zu haben.

Der Minnesänger

Ist ein Krebs-Mann auf der Suche nach einer Partnerin, entfaltet er ungeahnte Qualitäten. Entgegen seiner sonst eher zurückhaltenden Art kann es dann durchaus geschehen, dass er sich sogar in ein Abenteuer stürzt.

Aber auch der männliche Single-Krebs wird seinen Neigungen nicht untreu. Er wird die romantischen, liebevollen Frauen suchen, die sein Herz und seine Seele berühren. Der Körper wird dann schon auch nicht zu kurz kommen.

Hat er sich dann verliebt, kann er seine Angebetete umgarnen wie einst die Minnesänger. Er bleibt einfach ein Romantiker der alten Schule.

Der Softie

Dem feinfühligen Krebs sind alle Formen von Grobheiten zutiefst verhasst – und im Bett ganz besonders. Er wird auch seine Sexualität liebevoll und einfühlsam gestalten, immer von dem Wunsch beseelt, mit seiner Partnerin ganz zu verschmelzen.

Vielleicht sollte er darauf achten, dem Traditionellen in seinem Liebesleben nicht zu viel Raum zu geben. Zwar soll man Bewährtes nicht leichtfertig aufgeben, doch bietet auch das Neue manchmal ganz unerwartete Anreize.

Sexualität: Die Krebs-Frau

Die Genießerin

Die Krebs-Frau wird sich ihrem Geliebten hingeben und die zärtlichen Stunden zu zweit genießen. Sie wird für diese besonderen Stunden eine entspannte Atmosphäre schaffen, denn Stress und Ungeduld im Schlafzimmer sind ihr verhasst. Es wird schon zu Schwierigkeiten in ihrem Liebesleben führen, wenn der Alltag davon mehr als angemessen aufweist.

Eine Krebs-Frau benötigt eine gewisse innere Harmonie, um sich auf Sexualität und Zärtlichkeit in ihrer ganzen Tiefe einlassen zu können.

Klare Bindungen bevorzugt

Krebs-Frauen werden nur in Ausnahmen den Weg der freien Liebe wählen. Auch sie zählen zu den konservativeren weiblichen Sternenkindern, die klare Bindungen bevorzugen und zielstrebig den Hafen der Ehe ansteuern. Natürlich spielt hier das Sicherheitsbedürfnis eine nicht unerhebliche Rolle.

Zeit

Wenn man eine Krebs-Frau erobern möchte, so sind Geschenke kein schlechter Weg. Besser wäre es, sie zu verwöhnen. Auf welche Weise auch immer. Der beste Weg zum Herzen einer Krebs-Frau ist jedoch, ihr seine

Zeit zu schenken. Weibliche Krebse benötigen viel Zeit, um sich einzustellen, einzustimmen und mit dem Partner vertraut zu machen. Wer hier zu ungeduldig vorgeht, lässt möglicherweise eine große Chance verstreichen.

• Die absolut Treue

Eine Krebs-Frau wird sich immer für die unbedingte Treue einsetzen. Eine offene Beziehung steht ihrem Wesen sehr entgegen und es werden sich nur wenige Krebs-Frauen finden, die aus einer veränderten Einstellung zu Beziehungen im allgemeinen hier einen anderen Weg einschlagen. In einer solchen Konstellation müsste man ihr ständig ins Ohr flüstern, dass sie natürlich die Nummer 1 ist. Ein schwieriges Unterfangen.

Ein revolutionäres neues Beziehungsmodell dürfte daher eher nicht von den weiblichen Krebsen ins Leben gerufen werden.

• Sicherheit auch im Bett

Die Krebs-Frau muss sich zuerst ganz sicher sein, dass sie als Wesen gesehen wird. Nur wenn sie weiß, dass ihre Gefühle ernst genommen werden und sie als Frau angenommen wird, vermag sie sich wirklich ganz hinzugeben. Dann allerdings kann man mit einer Krebs-Frau in den siebten Himmel der Sinnlichkeit fliegen.

Kapitel 4

Gesundheit

Allgemeine Ratschläge

• Zu viele Sorgen

Wenn der Krebs unter gesundheitlichen Problemen leidet, sind diese in den meisten Fällen auf zu viele Sorgen zurückzuführen. Er fühlt sich für zu viele Dinge zuständig und die Last der Sorgen bedrückt ihn. So gelingt es ihm nicht, die für ihn so außerordentlich wichtige innere Ausgeglichenheit zu finden.

Für Krebse sind Zeiten der Stille und des Rückzugs von der Hektik des Alltags überaus bedeutsam, um innere Klärungsprozesse durchzuführen und die eigene Mitte wiederzufinden.

• Ab ins Wasser

Krebse regenerieren sich am besten in ihrem Element, dem Wasser. Sie sollten sich in jeder freien Minute ins Schwimmbad stürzen. Schwimmen tut ihnen gut, um abzuschalten und sich zu regenerieren. Die körperliche Entspannung hilft ihnen auch über die heraufziehende seelische Schlechtwetterlage hinweg, die sich breitmachen möchte.

Wer keinen Pool oder kein Schwimmbad in der Nähe hat, sollte zumindest die Ferien nutzen, um seine Krebs-Energien von Neptun oder Poseidon wieder auffrischen zu lassen!

• Körper und Seele

Krebse reagieren auf seelische Probleme fast immer mit körperlichen Symptomen. Oft drücken die feinfühligen, nach innen ausgerichteten Krebse ihr Seelenleben über den Körper aus. Da sie leider zu viele Probleme in sich hineinfressen, kommt es häufig zu starken körperlichen Reaktionen.

Der Krebs sollte Vorsorge treffen, um diesen Zustand zu vermeiden; denn wenn sich bestimmte Seelenlagen erst einmal in Form von Krankheit im Körper festgesetzt haben, kommt man ihnen nur schwer auf die Schliche. Sie weisen eine geradezu „krebsige Beharrlichkeit" auf. Hier gilt es vorzubeugen!

• Lachen hilft gegen Depression

Der Krebs sollte sich aneignen, öfter einmal einen Schritt zur Seite zu treten und herzhaft über sich selbst zu lachen. Diese Eigentherapie wäre eine wunderbare Waffe gegen die heraufziehenden Depressionen, die seine Stirn schon mit schwarzen Schatten umwölken.

Heiterkeit ist für den Krebs ein Lebenselixier!

Die Schwachzonen des Krebses

• Alles schlägt ihm auf den Magen

Dem Krebs wird astrologisch der Magen zugeordnet. Wer wird sich da wundern, wenn ihm ständig alles auf denselben schlägt.

Die beste Medizin für seinen überreizten Magen ist innere Ruhe. In der Stille finden seine überbeanspruchten Nerven zu neuer Stärke; und aus dieser Stärke erwachsen dem sensiblen Krebs heilende Kräfte. Und den Humor dürfen wir natürlich auch hier niemals außer Betracht lassen.

• Liebe geht durch den Magen

Der Krebs scheint sein ganzes Gefühls- und Liebesleben zu „verdauen“. Eine solche ständige Überbelastung hält natürlich selbst das stärkste Organ nicht aus. Daher klagt fast jeder Krebs über die eine oder andere Form von Magenbeschwerden.

Vielleicht sollte der Krebs versuchen, seine Gefühle über das Gespräch zu klären oder zumindest zu verstehen, um damit den inneren Druck ein wenig zu reduzieren. Dieses Vorgehen könnte seiner Gesundheit förderlich sein.

Psychische Überbelastung

Der Solarplexus und die gesamte Magengegend sind beim Krebs sehr schnell gereizt. Sie spiegeln, für ihn selbst und für seine Mitmenschen, wider, wie der Krebs gerade auf seine Umwelt reagiert. Drückende Magen- oder Bauchschmerzen sind nicht selten die Folge von psychischer Überbelastung oder drückenden Sorgen. Manchmal drückt der Körper auch nur aus, dass sich der Krebs in einer bestimmten Situation oder Umgebung einfach unwohl fühlt.

Krebse sollten auf ihren Körper hören und in solchen Situationen getrost ihre Zelte abbrechen. Besser zu früh gegangen, als später mit Magenbeschwerden gekämpft!

Verdauungsstörungen

Von den Magenbeschwerden führt ein direkter Weg zu den Verdauungsstörungen. Wenn zu viele Dinge oder Geschehnisse einfach schwer verdaulich für den sensiblen Krebs sind, muss man sich nicht wundern, wenn die Körpersprache einen klaren Hinweis erteilt.

Essen mit Maßen

Wenn dem Krebs der Magen knurrt, wird schnell mehr hineingestopft, als wirklich angemessen wäre. Hinzu kommt, dass der Krebs ausgesprochen gerne isst. Gründe für ein gutes Essen gibt es mehr als genug. Mal isst er aus Kummer, dann aus Freude, ein anderes Mal wieder, weil seine Mutter ja so gut gekocht hat. Und schließlich möchte er ja niemanden verletzen.

Es findet sich immer wieder ein gut begründeter Anlass, um reichlich zu tafeln. Dabei wäre eine wohldosierte, regelmäßige Ernährung für den Krebs überaus wichtig. Hier sollte er lernen, Disziplin walten zu lassen.

Was ein Krebs vermeiden sollte

Fehlender Schlaf

Der Krebs wird relativ schnell physische und psychische Probleme bekommen, wenn er sich längere Zeit zu wenig Schlaf gönnt.

Erholsamer Schlaf ist für das Sternzeichen Krebs von außerordentlicher Wichtigkeit. Der Krebs ist überaus sensibel und benötigt die ausgiebigen Schlafphasen, um zu einer Erholungspause zu kommen.

Die zahlreichen Sorgen und die kleinen Kümmernisse, die den Krebs weitaus mehr beschäftigen als seine Geschwister im Sternkreis, kann er durch ausgiebige

Schlafenszeiten innerlich bewältigen. Aus der Ruhe heraus kann er dann in gewohnter Zähigkeit an die schrittweise Bewältigung seiner Lebensaufgaben gehen.

Fast noch wichtiger als die physische Erholung durch ausgiebigen Schlaf ist die innere Regeneration durch ein ausgeprägtes Traumleben. Für den Krebs sind die Träume wichtige Hinweise auf sein Innenleben und Ratgeber zur Problembewältigung in der Außenwelt.

• Falsche Ernährung

Magen und Darm sind die Problemzonen des Krebses. Er leidet besonders häufig unter Blähungen, die teilweise äußerst unangenehm sein können.

Der Krebs sollte Vorsorge treffen, um diesen Schwierigkeiten möglichst aus dem Weg zu gehen. Dazu wäre es angeraten, auf frisch Gebackenes zu verzichten oder zumindest den Konsum einzuschränken. Auch wenn die leckeren Hefeteilchen und der warm aus dem Ofen kommende Kuchen noch so sehr locken – Enthaltsamkeit ist angesagt!

Ein weiteres äußerst problematisches Nahrungsmittel für den Krebs sind Hülsenfrüchte. „Jedes Böhnchen ein Tönchen" dürfte für den Krebs geprägt worden sein. Hier ist völlige Abstinenz der beste Weg. Der Krebs könnte sonst einen „Auftrieb" erhalten, der ihm gar nicht angenehm ist!

Ein guter Rat an den Krebs

• Einen Schritt zur Seite treten

Der Krebs ist zu sehr auf sich selbst fixiert. Dabei übersieht er häufig, dass die Lösung eines Problems ganz nahe liegt.

Allen Krebsen kann daher nur der gute Ratschlag erteilt werden, einmal einen Schritt zur Seite zu treten, sich einmal für einen Augenblick neben sich zu stellen und die ganze Angelegenheit gewissermaßen als Außenstehender zu betrachten.

Sich selbst zu beobachten, und das mit abwägender Vernunft und kritischem Verstand, würde dem Krebs so manche Bauchschmerzen und etliches Magendrücken ersparen. Dies ist allerdings nur mit viel Selbstdisziplin zu lösen. Eine langwierige Aufgabe für den Krebs.

• Ausgewogene Ernährung

Krebse sollten mehr als andere Sternzeichen auf eine ausgewogene Ernährung achten. Sie werden schon bald die heilsamen Wirkungen zu spüren bekommen. Die vielen Stimmungsschwankungen im Leben des Krebses würden durch eine vernünftige Ernährung ein notwendiges Gegengewicht erhalten.

Lieber in kleinen Pausen, die ohnehin wichtig für den Krebs sind, einen Joghurt essen, der auch der Darmfunktion auf die Sprünge hilft, als eine Currywurst oder einen Burger hineinzustopfen.

• Vollmond

Wenn der Vollmond mit silbrigem Glanz das Himmelszelt überstrahlt, brechen für die Krebse meist turbulente Zeiten an. Schnell sind sie aus dem Gleichgewicht geworfen und schwimmen im Strom der Ereignisse.

Betrachten Sie den Mond-Kalender und Sie werden feststellen, dass die Gefühle des Krebses zu diesen Zeiten noch mehr Purzelbäume als sonst schlagen – und zwar in alle Richtungen.

Schlaf ist in Vollmondzeiten nahezu ein Fremdwort für Krebse. Also werden sie in diesen Stunden ihr Leben so wild wie nur irgend möglich gestalten.

Für die Partner der Krebse gilt in diesen Zeiten, so viel Rücksicht und Nachsicht wie nur möglich zu üben. Ihr sensibler Krebs steht zur Zeit unter einer besonderen kosmischen Strahlung. Da kommen schon Dinge vor, die bei Neumond völlig unvorstellbar wären.

Vielleicht träufeln Sie Ihrem Krebs am Abend ein wenig Baldrian in den Tee. Ob es sehr viel helfen wird, steht allerdings in den Sternen.

Sanfte Heilweisen für den Krebs

Familienaufstellung nach Hellinger

Eine ideale Therapieform für den sensiblen und sehr häuslichen Krebs. Die verschlungenen Familienstrukturen werden deutlich nachvollziehbar dargestellt und mit viel Intuition verarbeitet und gelöst.

Im Detail wird die „Familienaufstellung" dergestalt praktiziert, dass verschiedene Gruppenteilnehmer die Rolle der einzelnen Familienmitglieder übernehmen und sie (meist aus der Intuition heraus) spielerisch nachstellen. Der Krebs, dessen Familie gerade in der Analyse an der Reihe ist, stellt diese Personen im Raum an Stellen auf, die ihm sinnvoll erscheinen. Anschließend wird diese Aufstellung mit viel Liebe und Einfühlungsvermögen gedeutet.

Familientherapie

Neben der „Familienaufstellung" sind auch alle anderen Formen der Familientherapie für den Krebs ausgesprochen hilfreich. Die Auseinandersetzung mit seinen familiären Strukturen auf einer psychologischen Basis schenkt dem Krebs tiefere Einsichten in seine komplizierten Beziehungen und bewältigt dies auf eine Art und Weise, die ihm zutiefst entspricht.

So lernt der Krebs allmählich, sein soziales Umfeld zu verstehen und innerlich zu ordnen, was seiner körperlichen und geistigen Gesundheit ausgesprochen förderlich sein wird.

• Hakomi

Das Wort „Hakomi" entstammt dem Dialekt der Hopi-Indianer und bedeutet etwa so viel wie „Der sein, der du bist".

Im Hakomi soll der Schüler lernen, mehr innere Achtsamkeit zu entwickeln und auf die eigene innere Stimme zu lauschen. Damit geht eine fortlaufende Wiedergewinnung der eigenen Identität einher.

Mittels der Entfaltung von größerer Achtsamkeit wird der eigene emotionale und mentale Lebensbereich entfaltet und fließt so allmählich in das Alltagsbewusstsein ein.

Für den Krebs, der häufig leichte Defizite hinsichtlich des eigenen Tiefgangs aufweist, stellt Hakomi eine gute Übung dar, um diese Schwachpunkte zu überwinden.

• Massagen

Der Krebs reagiert äußerst positiv auf liebevolle Berührungen. Alle Formen der Massage sind daher sehr hilfreich für diese sensiblen Sternenkinder. Von der Fußreflexzonenmassage bis hin zur liebevollen Partnermassage wird jede körperliche Entspannungsübung das Wohlbefinden des Krebses verbessern.

Brennt dabei noch eine Kerze und ein Räucherstäbchen und im Hintergrund läuft sanfte Sphärenmusik, fehlt ihm nur noch wenig zur kurzfristigen Glückseligkeit.

Fastenkuren

Für den Krebs mit seinem angegriffenen Magen- und Darm-Bereich wird sich eine längere Fastenkur unter ärztlicher Aufsicht als sehr wohltuend erweisen. Hier können alte Schlacken aus dem Körper entfernt werden und die beiden angegriffenen oder zumindest sehr strapazierten Organe können einmal eine wohlverdiente Auszeit nehmen.

Der Krebs sollte allerdings keine gefährlichen Selbstexperimente vornehmen, da eine intensive Fastenzeit zu intensiven körperlichen und seelischen Reaktionen führen könnte. Hier sollte ein erfahrener Arzt oder Heilpraktiker an seiner Seite stehen.

Das Bachblüten-Mittel

Kaum eine andere sanfte Heilweise hat in den vergangenen zehn Jahren eine solche Erfolgsstory aufzuweisen wie die Blütenmittel von Dr. Edward Bach. Ihre geniale Einfachheit macht das Geheimnis ihres Erfolges aus. Für jedermann leicht anwendbar, sind die Pflanzenessenzen dennoch überaus wirksam.

Das Bachblüten-Mittel für den Krebs ist

CLEMATIS (Weiße Waldrebe).

Der Krebs, die Krabbe, wurde gemäß der Legende von der Mutter-Göttin Hera mit einem Platz im Himmel belohnt, da er so treu der Hydra beistand, als diese von Herkules angegriffen wurde. Stolz und der Sinn für

Treue, einhergehend mit dem Wunsch zu helfen, sind die wertvollen Qualitäten der unter diesem Sternzeichen Geborenen. Der Krebs, der seine erste Schale abgelegt hat, um eine neue zu erhalten, ist ein Symbol des Geburts- und Wiedergeburtsprozesses.

Der Krebs ist nach den alten Ägyptern das himmlische Gemach der Seele, die sich nach ihrem Zuhause sehnt. Ein typisches Merkmal der Krebse. Sie verspüren ein tiefes Bedürfnis nach emotionaler Sicherheit und streben mit großer Beharrlichkeit danach.

Die weiter fortgeschrittenen Menschen, die unter dem Sternzeichen Krebs geboren wurden, lernen schließlich, dass die Auswirkungen vergangener Verletzungen abgebaut werden können, wenn sie sich entschließen, sie selbst abzubauen. Trotzdem scheint es, dass viele Krebse einem sentimentalen Verhalten den Vorzug geben. Sie lieben Vertrautheit, sind liebenswürdig, besitzen ein großes Vorstellungsvermögen und ihr Haus und Herz stellen einen sicheren Hafen für Freunde und Familie dar. Krebse hegen und schätzen alle Dinge, die ihnen lieb und teuer sind.

• Clematis – Weiße Waldrebe (auch „Greisenbart" genannt)

Dr. Bach selbst beschrieb den Clematis-(Krebs)-Typ als Menschen mit dem entfernten Blick – gleichgültig, desinteressiert, schläfrig, lärmempfindlich, von blasser Hautfarbe, die einen Mangel an Vitalität anzeigt.

Da diese Wesen vor allem in ihrer Vorstellungswelt und in ihren Träumen leben, stoßen wir bei den Clematis-Typen auf einen Zustand des Desinteresses. Unaufmerksam, mit ihren eigenen Gedanken beschäftigt, ziehen sie sich in eine Fantasie- und Traumwelt zurück (so wie eine Krabbe in ihre Schale), wenn sie sich unangenehmen Dingen oder Schmerz gegenübergestellt sehen. Sie bemühen sich kaum, sich von Krankheit oder unglücklichen Umständen zu befreien. Da sie empfindlich sind, ziehen sie es vor, sich zurückzuziehen. Obgleich sie einfühlsam sein mögen, gestatten sie es sich nicht, sich weiter darum zu kümmern, so sehr fürchten sie emotionale Verwundbarkeit. Sie können zu Meistern des passiven Widerstandes werden.

Der Clematis-Mensch bevorzugt die Einsamkeit. Er streicht bequemerweise Dinge aus seinem Gedächtnis und entzieht sich der Realität, um das Gewicht des gegenwärtigen Zustands zu erleichtern. Er fühlt sich in der Vergangenheit zu Hause und verspürt keine Sehnsucht nach der Zukunft. Es fehlt ihm an Ehrgeiz und Zielgerichtetheit. Bach stellte fest, dass diese Menschen mehr als die Durchschnittsmenge an Schlaf benötigen. Dies ist ein weiterer Hinweis darauf, dass sie ihrer gegenwärtigen Situation zu entfliehen trachten.

Konstruktive Clematis-Typen widmen sich vielerlei sozialen Aktivitäten und zeigen lebhaftes Interesse an der Umwelt. Aufnahmebereit und aufmerksam, können sie sehr kreativ und vielseitig sein.

Voller Charme, Rücksicht, Zuvorkommenheit und von nichtkämpferischer Natur, sind sie aufgrund ihres Mitgefühls bei anderen sehr beliebt. Mit einem Gefühl dafür, was gerade bei ihrer Umwelt gefragt ist, zeichnen sie sich auf vielen künstlerischen und geschäftlichen Gebieten aus. Fleißig, menschenfreundlich und praktisch, leisten sie oft hilfreiche und nützliche Beiträge für die Menschheit. Sie besitzen Unternehmungsgeist, Fleiß und sind imstande, ihre innersten Gefühle auszudrücken. Sie tun dies zugunsten anderer, die diese Fähigkeit nicht in so ausgeprägtem Maße besitzen. Sie verfügen über ein gutes Gedächtnis und erinnern sich leicht an Vergangenes; sie besitzen Sinn für Treue. Diese Menschen sind zu großer Aufrichtigkeit und tiefen Gefühlen und Gedanken fähig.

• Das Aura-Soma-Mittel

Eine weitere sanfte Heilweise, die gerade erst begonnen hat, in breiteren Kreisen Anerkennung zu finden, sind die Farb- und Duft-Öle von Aura-Soma, einer englischen Gemeinschaft. Da die vielen Ölfläschchen, die wunderbar duften und sehr schön anzuschauen sind, nicht allgemein zu einem Sternzeichen zugeordnet werden können, empfiehlt es sich, einen der vielen Aura-Soma-Therapeuten zurate zu ziehen, die heute praktisch in jeder mittelgroßen Stadt anzutreffen sind.

Es empfiehlt sich, *seine* Aura-Soma-Flasche neben das Bett zu stellen!

Kapitel 5

Essen und Trinken

Der Krebs in der Küche

Alles ist möglich

Natürlich kocht der häusliche Krebs gerne und gut. Dabei sind seiner Kreativität keine Grenzen gesetzt. Der Krebs wird sich niemals einer bestimmten kulinarischen Tradition verpflichtet fühlen.

Wenn Sie bei einem Krebs zum Essen eingeladen sind, können Sie prinzipiell mit allem rechnen. Es kann eine andalusische Vorspeise, danach italienische Pasta, deftige böhmische Hausmannskost und florentinische Eistorte geben.

Was immer es auch sein wird, der Krebs wird sich alle Mühe geben, seine Gäste zu verwöhnen.

Omas Kochbuch

Die sehr konservativen Vertreter des Sternzeichens Krebs können sich vielleicht in ihren Erinnerungen nur schwer von der leckeren Küche ihrer Großmütter lösen. Das kann dazu führen, dass sie noch nach Großmutters Kochbuch kochen, wenn das geschätzte Großmütterchen schon lange nicht mehr auf Erden weilt. Die Erinnerung an einstige Wohlgerüche sind aber immer noch so intensiv, dass der Krebs sich nicht davon lösen kann und immer wieder versucht, diese Düfte zu reproduzieren.

Also wird traditionell nach Omas altem Kochbuch gekocht – aber das natürlich wahrhaft nicht schlecht. Schließlich war Oma, zu ihrer Zeit, voll auf der Höhe der Geschehnisse!

Der Vegetarismus

Der etwas launische Krebs wird in seinen Ernährungsgewohnheiten möglicherweise zwischen verschiedenen Stilen schwanken. Eigentlich wäre eine vegetarische Ernährungsweise für den Krebs etwas, worüber er ernsthaft nachdenken sollte. Mit seinem sensiblen Magen sollte er sich hüten, zu schwere Fleischgerichte in sich hineinzustopfen.

Ein Besuch auf dem Münchner Oktoberfest, gekrönt von einem Eisbein und drei Maß Bier, dürfte den Krebs, wenn er nicht zu den extrem Robusten zählt, für vierundzwanzig Stunden aus dem Verkehr ziehen. Sein empfindsamer Magen ist für solche Eskapaden nun wirklich nicht konstruiert.

Die gefüllte Speisekammer

Der Krebs ist ein perfekter Haushälter, und dies gilt für Männer im gleichen Maße wie für Frauen. Seine Speisekammer wird nie gänzlich leer sein, sodass er immer vorbereitet ist, für unerwartet eintreffende liebe Gäste ein opulentes und schmackhaftes Mahl auf den Tisch des Hauses zu zaubern.

Wenn es ganz eng wird, gelingt es gerade dem Krebs, in seiner gemütlichen Küche aus nichts etwas zu machen!

Geduld ist manchmal angesagt

Zwar sind alle Krebse gute Köche, aber nicht alle sind auch schnelle Köche. Bei den bedächtigen unter den krebsigen Küchenmeistern kann es manchmal schon eine ganze Weile dauern, bis sie ihre Kreationen nicht ganz ohne Stolz den schon leicht ausgehungerten Gästen vorsetzen können.

Wenn Sie also wissen, dass Ihr Krebs-Gastgeber zu dieser Sorte Köche gehört, wäre es vielleicht ratsam, vor dem Aufbruch zum Abendessen noch schnell ein Schnittchen einzuschieben, denn vielleicht wird heute der Hauptgang erst kurz vor Mitternacht serviert.

Da der Krebs sich aber keinen Stress in seiner Küche machen wird, dürfte er auch gegen einen kurzen Besuch in seinem Töpfe-Paradies nichts einzuwenden haben. Und natürlich gibt es in einer Krebs-Küche immer reichlich zu naschen!

Der Krebs und seine Gäste

Der gastfreundliche Krebs

Der Krebs liebt es, wenn nette Gäste kommen und das Haus voll wird. Jeder wird sich sofort bei ihm wohlfühlen. Als Gastgeber trifft er für jeden das richtige Wort.

Beim Krebs zu Gast ist es „wie bei Muttern". Er wird groß aufkochen und verwöhnen, was das Zeug hält. Wenn Sie gerade auf Diät-Kurs sind, sollten Sie es sich ernsthaft überlegen, ob Sie in dieser Zeit eine Einladung bei Krebsens annehmen.

Ein wenig Nostalgie

Moderne Designer-Möbel werden Sie im Krebs-Haus kaum finden. Der Tisch ist reizend gedeckt, allerdings häufig ein wenig nostalgisch. Es kann durchaus vorkommen, dass für *besondere* Gäste Omas Porzellan aus dem Schrank geholt wird und dazu noch ein paar Leuchter, die schon Königin Viktoria erfreut hätten.

Für manche Menschen mag es bei Familie Krebs ein wenig zu viel Kitsch geben, aber für den Krebs bedeutet diese Lebensform das Bewahren von Erinnerung und die heimelige Atmosphäre. Hier ist er zu Hause und hier ist er wirklich von Herzen Gastgeber.

Wenn man sich vom ersten Schreck erholt hat, wird man spüren, wie angenehm und entspannt es zugeht, und sich zunehmend wohler und gemütlicher fühlen.

Niemand geht hungrig nach Hause

Wenn man bei einem Krebs eingeladen ist, sollte man das Gastgeschenk nicht vergessen. Er liebt Geschenke und wird sie sehr aufmerksam zur Kenntnis nehmen. Wenn Sie ihm dezent etwas mitteilen möchten, ist das Geschenk keine schlechte Möglichkeit dazu. Der Krebs wird die Andeutung verstehen.

Nachdem dieses Vorgeplänkel abgeschlossen ist, wird aufgetafelt. Natürlich wird es zu viel und zu reichlich sein; aber es gäbe keine größere Katastrophe für den Krebs, als zu wenig zu essen. Bei ihm verlässt niemand hungrig das Haus.

Für jeden das Richtige

Wenn Sie zum ersten Mal bei einem Krebs zum Essen eingeladen sind, werden Sie wahrscheinlich eine behutsame Anfrage zu Ihren Essensneigungen erhalten. Ein Krebs-Gastgeber möchte auf alle Fälle vermeiden, Sie mit einer Lachsforelle zu überraschen, um dann zu erfahren, dass Sie unter einer Fisch-Allergie leiden. So ein Risiko wird er nur sehr ungern eingehen.

Bei seinen Freunden ist das kein Problem. Deren Neigungen kennt er, und er wird wirklich mit großer Aufmerksamkeit darauf achten, dass sie das serviert bekommen, was ihren Gaumen erfreut. Hier ist der Krebs wirklich ein perfekter Gastgeber, der sich die kleinsten Eigenheiten seiner Gäste merken kann.

Der Rezeptsammler

Der Krebs sammelt mit Begeisterung Rezepte. Wo immer es etwas gab, was ihm geschmeckt hat, wird er das Rezept mitnehmen. Vielleicht werden die vielen Zettel mit der Zeit etwas unübersichtlich, aber er wird diese Eigenart nicht aufgeben.

Irgendwann kann er dann einen Handel damit anfangen – oder ein erfolgreiches Kochbuch verfassen.

Die Lieblingsgerichte des Krebses

• Die Erinnerung isst mit

Der Krebs hat keine besonderen Vorlieben. Er liebt vieles, aber vor allem das, was er früher bei seiner Mutter gegessen hat. Das können hausgemachte Klöße oder die einfache Tomatensuppe sein. Das Gericht als solches ist nicht von Bedeutung, aber die Erinnerungen, die daran hängen. Die Erinnerungen nimmt er jedes Mal mit; und sie schmecken am allerbesten!

• Die regionale Küche

Krebse lieben die traditionellen Gerichte einer Region. Vor allem jener, in der sie groß geworden sind. Trotzdem probieren sie gerne etwas Neues aus, vor allem wenn damit eine reizende Geschichte verbunden ist.

Vielleicht „Spaghetti à la Romeo und Julia" oder „Schmorbraten nach Wikinger Art".

Wenn es ihm geschmeckt hat, wird er sofort überlegen, für wen er oder sie es nachkochen könnte. Dazu kommt dann natürlich die Geschichte – wahrscheinlich leicht nach seiner Fantasie verändert.

Ein typisches Krebs-Rezept:

Klöße nach Großmutter-Art

1 altes Kochbuch
1 altertümliche Schürze
1 uralter Kochlöffel
1 kaum weniger alte Pfanne
Gewürze aus den blauen Delfter Dosen
1 Prise Erinnerungen
viel Liebe
1 ordentlichen Schuss Gemütlichkeit

Diese Klöße werden Sie so schnell nicht vergessen. Sie sind zwar „von gestern", aber im Grunde sind sie zeitlos gut. Und ein Krebs weiß das natürlich. Zudem beherrscht er die „antike" Kochkunst mit Perfektion.

Also dann: Guten Appetit bei „Klößen nach Großmutter-Art"!

Die Lieblingsgetränke des Krebses

Der Krebs wird das Romantische auch bei seinen Getränken bevorzugen. Sie dürfen schwer und duftend sein, denn seine Nase trinkt immer mit. Bei den Rotweinen wird er schwere Burgunder oder einen alten Amarone aus Venetien besonders betörend finden. Vielleicht auch einen verführerischen Zinfandel aus Kalifornien, noch dazu wenn die Rebstöcke über hundert Jahre alt sind!

Bei Weißweinen würde ihm eine süße Auslese aus dem Rheingau mehr liegen als ein ganz trockener Mosel.

Wenn der Geist des Weines dann seine Wirkung zeigt, kann der Krebs seine ganze Fantasie entfalten und seine Intuition nimmt geradezu geniale Züge an. Leicht beschwipste weibliche Krebse entfalten in diesem Zustand fast schon mediale Züge.

Wie ich einen Krebs verwöhne

• Romantik pur

Schenken Sie Ihrem geliebten Krebs ein paar Stunden holder Zweisamkeit – er wird sie genießen. Sie sollten noch dazu den romantischen Rahmen nicht aus den Augen verlieren. Kerzen gehören natürlich dazu, allerdings sollte vorher das Licht gedämpft werden. Vielleicht Kaminfeuer, Duftlampe, Rotwein, verträumte Musik ...

Romantik pur ist eben angesagt; und Sie werden diesen Abend in einer überirdischen Welt verleben. Vergessen werden Sie ihn natürlich auch nicht so schnell!

Ans Meer

Als Wasser-Zeichen wird der Krebs ein gepflegtes Restaurant am Meer bevorzugen; zumindest aber sollte es ein kleiner See sein! Achten Sie aber darauf, dass die äußere Atmosphäre stimmt. Der Krebs muss sich geborgen und angenommen fühlen, sogar von der Bedienung.

Wenn alles zusammenpasst, wird Ihnen der Krebs für diesen gelungenen Tag von Herzen dankbar sein.

Ein vertrautes Plätzchen

Wenn man einen Krebs ausführen möchte, sollte man einen Ort wählen, mit dem ihn gute Erinnerungen verbinden. Er wird wenig Freude an einem Restaurant oder Lokal haben, in dem er sich innerlich nicht wohlfühlt oder das laut und ungepflegt ist.

Ein Szene-Lokal, das gerade „in" ist, muss in gar keiner Weise Ihrem Krebs entsprechen. Hier liegen Sie möglicherweise völlig falsch; es sei denn, der Krebs kennt den Besitzer oder zumindest die Bedienung. Dann gelingt es ihm vielleicht, sich ein wenig zu Hause zu fühlen. Andernfalls wird er ziemlich schnell wieder auf Aufbruch drängen.

Man kann ja noch eine gute Flasche zu Hause trinken!

Genießer oder Asket

Ein wenig Askese wäre ratsam

Für den empfindlichen Krebs wäre ein Schuss Askese keine üble Entscheidung. Vor allem sein empfindlicher Magen würde es ihm danken. Doch meistens kommt es anders.

Der Krebs neigt eher zum Schwelgen – in was auch immer. Er wird eher von allem ein wenig zu viel als zu wenig nehmen. Das könnte seiner körperlichen und seelischen Befindlichkeit abträglich sein.

Aber wer wird den Krebs schon ändern können?

Der Süße

Krebse neigen stark dazu, Dinge in sich aufzunehmen. Das trifft auch auf Nahrungsmittel zu. Darunter gibt es einige, die dem Krebs ganz besonders sympathisch sind, sodass er dazu neigt, diese in verstärktem Maße in sich „aufzunehmen". Auf seinem Weg lauern dabei zwei ganz besondere Gefahren – die Bäckerei und die Konditorei. Hier fällt es dem Krebs ganz außerordentlich schwer, einen Bogen um diese Verführung zu machen.

Er wird an Oscar Wildes Satz denken: „Wenn die Versuchung an dich herantritt, erliege ihr, du weißt nicht, ob sie wiederkommt", und eintreten. Meist wird es dann ein teurer und kalorienreicher Einkauf.

Kapitel 6

Kinder

Mein kleiner Krebs

Die unvergessene Kindheit

Kleine Krebse sind überaus liebevolle Wesen. Sie werden diese Art auf alle Geschöpfe ausstrahlen. Sie sind empfindsame, fast ein wenig ängstliche Kinder. Diese sensiblen Sternenwesen benötigen eine besonders liebevolle Atmosphäre.

Die kleinen Krebse werden ihre Kindheit bis ins hohe Alter mitnehmen. Viele Szenen werden sich unauslöschlich in ihre Erinnerung einprägen und für sie unvergesslich bleiben.

Wenn Sie Ihren kleinen Krebs vor schmerzhaften, leidvollen Erfahrungen in der Kindheit bewahren können, wird dies eine segensreiche Wirkung auf sein ganzes weiteres Leben haben.

Rückzug nach innen

Krebs-Kinder werden oft weinerlich sein und überaus sensibel auf ihre Umwelt reagieren. Streitigkeiten innerhalb ihrer Familie können sie regelrecht krank machen, denn sie haben in diesem Fall keine Möglichkeit, sich zurückzuziehen. Der einzige Rückzug, der den kleinen Krebsen bleibt, ist jener nach innen.

Die Familie

Lassen Sie einen kleinen Angriff auf seine Familie erfolgen und Sie werden sofort bemerken, dass der kleine Krebs sie verteidigen wird, als ginge es um sein Leben.

Wehe, es will jemand seiner Schwester oder seinem kleinen Bruder ans Leder, dann wird der Krebs zum Löwen. Wenn er danach seine Geschwister wieder schikaniert und bis aufs Blut ärgert – dann ist das eine völlig andere Angelegenheit. Seine Laune hatte sich einfach nur verschlechtert.

• Der kleine Zähe

Die Zähigkeit, die dem Krebs grundsätzlich zu eigen ist, kann sich schon sehr früh zeigen. Auch kleine Krebse können schon im Kindesalter eine unglaubliche Zähigkeit besitzen, mit der sie ihre Ziele verfolgen und sich für eine Sache einsetzen.

• Die kleinen Wahrsager

Gerade kleine Krebse, die noch völlig unvoreingenommen sind, verfügen über eine ausgeprägte intuitive Wahrnehmung.

Wenn Sie es also vermeiden möchten, dass Ihr Krebslein einem unangenehmen Mitmenschen schonungslos die Wahrheit ins Gesicht sagt: „Du bist aber böse“ oder „Du stinkst aber“, dann sollten Sie entsprechende Vorsorgemaßnahmen treffen. Ihr kleiner Krebs wird sich mit erschreckender Präzision und Treffsicherheit über Ihre Mitmenschen äußern.

Leider können nicht alle Menschen diese Wahrheit auch vertragen!

Viel Sport

Kleine Krebse weisen häufig einen sehr zarten Körper auf, der dringend einiger sportlicher Aktivitäten bedarf.

Die Krebs-Kinder verfügen über Gefühle für zwei, aber ihr Körper muss trainiert werden, um den normalen alltäglichen Belastungen gewachsen zu sein. Dies sollte aber liebevoll und in Maßen geschehen. Es ist nur in den seltensten Fällen ratsam, den Versuch zu unternehmen, einen kleinen Krebs zum Profi-Sportler hochzuzüchten.

Der kleine Schlafwandler

Wenn Sie einen kleinen Krebs großziehen, sollten Sie den Mond noch mehr beachten, als ohnehin schon ratsam wäre. Krebs-Kinder sind sehr „mondfühlig" und zeigen bisweilen eine Tendenz zum Schlafwandeln. Hier sollten Sie ein Auge offen halten, um nicht in die Notlage zu kommen, Ihren Krebs vom Balkongeländer im sechsten Stock herunterholen zu müssen.

Hinzu kommt, dass sie in den Vollmondphasen gereizter sein werden als bei Neumond.

Angst im Dunklen

Krebs-Kinder zeigen eine enorme Vorstellungskraft, die sich sowohl positiv als auch negativ auswirken kann. Es ist nicht ungewöhnlich, wenn sie sich im dunklen

Zimmer allerlei Schauergeschichten ausdenken, die dann für sie Gestalt annehmen und erhebliche Ängste auslösen können.

In manchen Fällen kann schon ein kleines Licht oder ein geöffneter Türspalt zum erleuchteten Flur sehr wirkungsvoll sein.

• Verantwortung und Ängstlichkeit

Kleine Krebse übernehmen schon früh die Verantwortung für jüngere oder manchmal sogar auch ein wenig ältere Geschwister, die sie dann umsorgen und manchmal auch ein wenig zu sehr bemuttern.

Auf der anderen Seite kann es Ihnen widerfahren, dass sich Ihr kleiner Krebs in ungewohnten Situationen an Ihren Rockzipfel hängt und kaum aus sich herausgeht.

Beide Verhaltensweisen sind völlig typisch für den Krebs, so gegensätzlich sie auch erscheinen mögen.

• Geiz

Wenn die kleinen Krebse etwas Geiz zeigen sollten, genügt es in der Regel, an ihre mildtätige Seite zu appellieren und ihnen die Nöte anderer Kinder zu schildern. Das wird ausreichen, um sie zum Teilen anzuregen.

Über die kleinen Sorgen sprechen

Es wird zu den vorrangigen Aufgaben bei der Erziehung eines kleinen Krebses gehören, ihn früh zu ermutigen, über seine kleinen Sorgen zu sprechen. So können Dinge in die richtigen Bahnen gelenkt und Probleme frühzeitig aus dem Weg geräumt werden.

Das Entscheidende ist aber das Mitteilen an sich. Der kleine Krebs muss lernen, schon früh über seinen „introvertierten Schatten" zu springen und sich mitzuteilen. Er darf nicht alles in sich hineinfressen und sich so von der Außenwelt abkapseln. Auch kleine Krebse sollten früh ins allgemeine Leben eingebunden werden.

Regelmäßigkeit

Krebs-Kinder benötigen den regelmäßigen Tagesablauf, die geregelten Mahlzeiten und den kleinen Mittagsschlaf mehr als andere Sternenkinder. Die äußere Ordnung bildet eine Art Schutzhülle, die sie vor der großen, unbekannten Welt behütet.

Aus dieser Schutzhülle heraus können Sie die kleinen Krebse dann langsam mit der Welt vertraut machen.

Der Kindergarten

Die Kindergarten-Zeit ist für Krebse sehr wichtig, aber auch oft sehr schwierig. Sie erleben diese neue Umgebung gelegentlich als bedrohlich. Sie benötigen dann sehr viel Zeit und Einfühlungsvermögen seitens der

Erzieher oder Erzieherinnen, um sich einzugewöhnen. Kleine Krebse müssen bei ihren ersten Schritten in die fremde Welt liebevoll unterstützt werden.

Die Schulzeit

• Der Krebs und seine Lehrer

Das Verhalten und die Noten eines Krebs-Schülers werden sehr stark von einer persönlichen Beziehung zu seinen Lehrern geprägt sein. Er wird intuitiv positive und negative Einstellungen des Lehrers aufschnappen und entsprechend reagieren.

Im positiven Fall wird der junge Krebs alles unternehmen, um ein Lob zu ergattern und damit eine persönliche Verbindung herzustellen.

Im negativen Fall wird er einfach abschalten und in seinen Leistungen zurückfallen. Zudem wird eine solche schlechte Lehrer-Schüler-Beziehung Rückwirkungen auf seine seelische Verfassung zeigen.

• Schulfreunde

Für einen Krebs spielen Schulfreunde eine entscheidende Rolle. Er wird immer wieder danach trachten, besondere Freunde zu finden; denn man darf nie vergessen, dass der Krebs auch in der Schule nach seiner Familie sucht.

Schulaufgaben

Ihr gutes Gedächtnis wird den Krebsen während ihrer Schulzeit immer wieder hilfreich zur Seite stehen und sie aus schwierigen Schul- und Prüfungssituationen befreien. Zudem hilft es ihnen, ihr Schulpensum gut zu bewältigen.

Bei Schulaufgaben werden die jungen Krebse allerdings immer eine beträchtliche Zeit benötigen.

Krebs-Kinder und ihre Spielgefährten

Die Mitfühlenden

Krebse sind jene Kinder im Sternkreis, die sich die Schwächeren unter ihren Mitschülern zu Freunden machen. Es kann häufig vorkommen, dass unbeliebte oder gehänselte Kinder von der Freundschaft eines Krebses profitieren.

Am Anfang der Beziehung wird der kleine Krebs möglicherweise nur Mitleid empfinden, aber mit der Zeit wächst aus einer solchen Verbindung eine tiefe und feste Freundschaft.

Man darf auch den Einfluss nicht unterschätzen, den dieses soziale Verhalten der kleinen Krebse auf ihre Mitschüler hat. Häufig gewinnen diese so wieder den Glauben an Liebe und Mitmenschlichkeit zurück, vor allem wenn sie über lange Zeit das Ziel von Spott und Hänselei waren.

Die soziale Ader

Der kleine Krebs wird nicht nur die schwächeren Altersgenossen in Schutz nehmen, er wird sich auch schon früh Sorgen machen, wie diesen zu helfen ist. Schon früh zeigt sich die „Versorger-Mentalität" des Krebses, die später einmal zu nicht unerheblichen Konflikten führen kann, wenn es zu einem ***Zuviel*** an Mitleid und Mitgefühl kommt.

Auch die mitfühlenden kleinen Krebse sollten schon bald lernen, dass sie nicht das *ganze* Leid der Welt auf ihren kleinen Schultern tragen müssen.

Familienspiele

Die kleinen Krebse werden schon früh beginnen, das Vater-Mutter-Kind-Spiel zu spielen. Die Familie dominiert einfach zu stark, und früh übt sich ...

Kapitel 7

Freizeit

Die Reiseländer des Krebses

Holland

Holland gilt als das klassische Reiseland für den Krebs! Die kleinen romantischen Häuschen, die Grachten, die schmalen Gassen und die gehäkelten Vorhänge – kann ein Krebs sich irgendwo mehr zu Hause fühlen als in Holland?

Auch die holländische Lebensart wird ihm zusagen. Es gibt Zeit zur Muße im Kreise der Familie oder im kleinen Café um die Ecke. Alles wird nicht so überaus hektisch angegangen wie anderswo.

Besonders wird sich der Krebs jedoch in die Hausboote verlieben. Hier hat er sein Zuhause immer bei sich, selbst wenn er zu einem kleinen Ausflug aufbrechen sollte. Das ist nun wirklich der absolute Traum des Krebses.

Wenn Sie mit einem Krebs nach Holland fahren, werden Sie am Ende Ihres Urlaubs Schwierigkeiten bekommen, ihn wieder heimwärts zu zerren, so wohl wird er sich in Holland fühlen.

Das Reiseland für den Krebs schlechthin!

Schottland

Die Schotten können als die Krebse unter den Bewohnern des Vereinigten Königreiches gelten. Kein anderer Teil von Großbritannien birgt so viel Romantik, Gemütlichkeit und Familiensinn.

Die schottischen Clans können geradezu als die Verkörperung des Familienideals gelten. Nirgendwo sonst wird der Geist der Familientradition so hochgehalten wie im Gebiet um Loch Ness und Loch Lomond.

Am Abend kann der Krebs dann in einem gemütlichen Pub sitzen, wo ihm der Wirt bis zur Sperrstunde sein frisch gezapftes Guiness auf den Tisch stellen wird, ohne dass er es gesondert bestellen müsste. Er gehört ja hier zur Familie. So hat es der Krebs gern.

Wenn dann der Herbst kommt und die Nebel über das schottische Hochland ziehen, wird er zu seinen Wanderungen aufbrechen, um erdgebundene Geister und verwunschene Nebelfrauen in verlassenen alten Schlössern aufzuspüren. Was für ein Leben!

• Neuseeland

Das Schottland in Übersee. Ob schottische Schafe oder neuseeländische, was macht das schon für einen Unterschied. Beide Länder strahlen auf den Krebs den gleichen Zauber aus. Eine wundervolle, vielfach unberührte Landschaft mit blühenden Wiesen, verschlungenen Flusslandschaften und hohen Bergen.

Wenn der Krebs über die endlosen Lupinen-Felder seinen Weg hinauf zum Mt. Cook sucht, wird er sich ein wenig wie im Paradies fühlen. Ein romantisches Landschaftsbild löst das nächste ab.

Die Neuseeländer sind dazu ein sehr gastfreundliches Volk, sodass sich der Krebs sofort angenommen und geborgen fühlt.

Wenn es für europäische Krebse nicht ein wenig weit entfernt läge, würden sie Neuseeland fast so oft besuchen wie Holland.

• Paraguay

Von allen südamerikanischen Ländern wird Paraguay den Krebs am meisten faszinieren. Es ist das am wenigsten laute der Länder des südamerikanischen Kontinents. Geprägt von alten Traditionen und Kulturen, hat es noch am ehesten seine ursprüngliche Identität bewahrt und sich vor europäischen Kolonialeinflüssen abgeschottet.

Anders als im turbulenten Brasilien oder im fröhlich-überschwänglichen Mexiko kann der Krebs hier die Beschaulichkeit Südamerikas erleben. Die warme Herzlichkeit seiner Menschen wird ihn ansprechen und bald zu echten Freunden werden lassen.

Bevor er nach Rio de Janeiro oder Acapulco reist, wird der Krebs eher wieder nach Paraguay zurückkehren.

Der Krebs und seine Hobbys

• Der Hobbykoch

Kochen zählt zu den großen Leidenschaften des Krebses. Dafür sind vor allem zwei schon beschriebene Gründe ausschlaggebend: Erstens isst der Krebs für sein Leben gerne; und zweitens ist es eine ideale Gelegenheit, um Familienmitglieder oder Freunde wiederzusehen und einen zauberhaften Abend in seinem gemütlichen Heim zu verbringen.

• Chöre

Der Krebs zählt auch zu den sangesfrohen Gesellen des Sternkreises. Allen Arten von Chören fühlt er sich zugeneigt. Ob es die Fischer-Chöre sind, denen er in großen Fußballstadien gerne seine Stimmeskraft verleiht, oder der Bergsteigerchor seines Alpenvereins. Immer wird er mit Begeisterung und Vereinstreue bei der Sache sein.

Und in der Oper wird er natürlich den „Chor der Gefangenen" aus Nabucco über alles lieben.

• Die Leseratte

Krebse lesen grundsätzlich gern und viel. Dabei haben sie keine ausgeprägten Vorlieben. Vom fantastischen Roman über das Sachbuch bis hin zur Ratgeber-Reihe sind die Interessen des Krebses weit gespannt. Vor allem wenn die Fantasie zu ihrem Recht kommt, wird der Krebs sich angesprochen fühlen.

Dies gelingt ihm auch, wenn es sich um historische Romane handelt. Er wird es lieben, als Julius Cäsar den gallischen Krieg zu führen oder als Hannibal über die Alpen zu ziehen. Wenn er sich in Romeo und Julia hineinfühlt, könnte er am Ende das Buch mit Magenschmerzen schließen, so sehr hat ihn die tragische Liebe der beiden mitgenommen.

Der Krebs liest nicht nur, er lebt mit. Seine Helden sind Teil seiner Innenwelt geworden, und entsprechend intensiv reagiert auch sein Körper darauf.

Auch bei besonders spannenden Kinofilmen wird der Krebs schweißnass und völlig geschafft das Kino verlassen. Er hat bis zum Schluss mitgefiebert.

• Liebesfilme

Dass Thriller oder Action-Filme für sein Nervenkostüm nur wenig geeignet sind, steht schon jetzt fest – daher wird der Krebs romantische oder Liebesfilme im Kino vorziehen. „Doktor Schiwago“ oder „Vom Winde verweht“ hat er mit Sicherheit mehrfach gesehen.

Aber auch Historienfilme wie „Gandhi“ oder anspruchsvolle Themenfilme wie „Der Club der toten Dichter“ werden den mitfühlenden Krebs voll in ihren Bann ziehen.

Er wird das Kino dann nicht verlassen und zur Tagesordnung übergehen; für den Krebs wirkt die Botschaft eines Filmes länger nach als für andere Sternzeichen.

• Flohmarkt

Der Krebs, mit seiner Liebe für das Traditionelle und seiner Sammlerleidenschaft, wird natürlich vom Flohmarkt magisch angezogen. Hier kann er beiden Leidenschaften genussvoll frönen. Er wird auch immer irgendetwas finden, das seine Begeisterung weckt. Ein paar alte Schmöker, ein romantisches spätviktorianisches Service oder ein paar alte Briefmarken, von denen der Verkäufer gar nicht ahnt, wie wertvoll sie sind.

Und damit wären wir auch schon beim nächsten Hobby.

• Briefmarken

Das Sammeln von Briefmarken begeistert viele Krebse schon von Kindheit an. Die Sammlung im geschützten Heim bringt auf ungefährliche Weise die Welt ins Haus. Deshalb wird der Krebs ganz besonders bunte, großformatige Briefmarken aus fernen Ländern lieben, die ihm die große weite Welt zeigen. Dann wird er ins Träumen geraten und auf Gedankenschwingen überall hinreisen. Das ist für einen Krebs fast so gut, wie selbst dagewesen zu sein.

Wahrscheinlich wird es beim Briefmarkensammeln nicht bleiben und es kommen Streichholzschachteln oder Bierdeckel, vielleicht auch Münzen oder gute Weinflaschen hinzu, die zudem den Vorteil haben, dass man sie auch mit Freunden genussvoll austrinken kann.

Haustiere

Krebse sind ausgesprochen tierlieb. Es kann daher nicht verwundern, wenn kleine oder große Krebse zu Hause geradezu einen kleinen Mini-Zoo halten. Hier bedarf es für Eltern und Partner nicht selten eines erheblichen Maßes an Toleranz. Wenn im Kinderzimmer die Hasenköttel herumliegen oder die Lieblingskatze von Herrchen oder Frauchen gerade den neuen Ledersessel auf seine Haltbarkeit geprüft hat, dann geht das schon an die äußerste Toleranzschwelle der betroffenen Familienmitglieder.

Sie sollten allerdings im Auge behalten: Für den Krebs ist das völlig normal. Schließlich sind es doch seine Lieblinge; und sie gehören für ihn natürlich zur Familie!

Kegelklub

Sportklubs ziehen den Krebs wegen ihrer Geselligkeit an. Da er noch dazu eher ein spielerischer Typ ist, wird er eher nicht beim Rudern oder beim Gewichtheben landen. Kegeln passt da schon eher, vor allem wenn er in ein gesetzteres Alter gekommen ist. Noch dazu bietet der Kegelklub die Gelegenheit zu gemütlichem Zusammensein nach der Kegelpartie und zu lustigen Ausflügen mit den Kegelbrüdern und -schwestern. Das findet vollauf die Zustimmung des Krebses.

Karitative Organisationen

Der mitfühlende Krebs wird sich häufig für bedrohte Menschen oder Tiere einsetzen. Vereinigungen wie Amnesty International oder die verschiedenen Tierschutzverbände zählen überproportional viele Krebse zu ihren Mitgliedern. Es ist ihnen einfach ein Anliegen, verfolgten Menschen zu helfen oder die Wale zu schützen. Wenn ein Krebs die Nachrichten sieht, in denen Bilder über Unglücke oder Schicksalsschläge gezeigt werden, wird er sofort zum Stift greifen und die Spendenkontonummer aufschreiben. Am nächsten Tag wird er dann seinen Beitrag leisten, und sei es auch nur ein ganz geringer.

Kapitel 8

Der Mond und die Tierkreiszeichen

Allgemeines über den Mond

Der Mond benötigt knapp achtundzwanzig Tage (genau 27,32), um einmal um die Erde zu ziehen. Die gleiche Zeit braucht er, um sich einmal um die eigene Achse zu drehen.

Da der Mond selbst kein Licht abstrahlt, reflektiert er lediglich das Licht der Sonne. So hängen die sogenannten „Mondphasen" (Neumond, abnehmender Mond, Vollmond und zunehmender Mond) von seiner Position zu Erde und Sonne ab.

Wenn man davon spricht, dass z. B. der Mond eines Menschen im Widder steht, so ist damit der Stand des Mondes im Augenblick der Geburt dieses Menschen gemeint. Sie können diese Information Ihrem persönlichen Horoskop entnehmen, das Sie sich von einem Astrologen erstellen lassen, oder aus den gängigen Mond-Tabellen Ihres Geburtsjahres.

Neben dem Mond im persönlichen Horoskop gibt es natürlich noch die Mondphasen des täglichen Erdenlebens. Sie können also den Mond in Ihrem Horoskop im Schützen stehen haben, der heutige Tag dagegen zeigt den Mond in der Jungfrau. Sie können den täglichen Stand des Mondes leicht anhand der vielen Mond-Tabellen für das laufende Jahr ablesen.

Wer hat nicht schon einmal eine schlaflose Vollmondnacht verbracht oder anderweitig den Einfluss des Mondes gespürt? Wenn man etwa Kartoffeln an Tagen erntet, an denen der Mond im Stier steht, wird man feststellen, dass diese länger als im Vorjahr eine glatte Haut bewahren. Es empfiehlt sich zudem in

Gesundheitsfragen, etwa bei anstehenden Operationen, den Stand des Mondes zu beachten. Es wäre durchaus ratsam, einen anstehenden Zahnarzttermin um ein paar Tage zu verschieben!

Im nachfolgenden Text wird zuerst der Mond im Horoskop behandelt, danach der Einfluss des Mondes im täglichen Leben. Beides ist so leicht zu unterscheiden.

Der Mond im Widder

Unter dieser Konstellation finden wir Menschen, die mit ihrer ehrlichen Meinung nicht „hinter dem Mond" halten. Es sind die entschlossenen, mutigen Menschen, die ihre Unabhängigkeit sehr schätzen.

Allerdings kann es ein Problem mit ihrer Gereiztheit geben. Sie reagieren auf ein unglücklich gewähltes Wort schon einmal mit einem spontanen Wutausbruch.

Menschen mit einem Mond im Widder können, wenn sie unglücklich sind, eine unangenehme sarkastische Neigung entwickeln.

Frauen, die einen Mond im Widder haben, können starke männliche Anteile aufweisen, wenngleich es sich nicht gleich um militante Blaustrümpfe handeln muss!

Im täglichen Leben

Wenn der Mond im Widder steht, sind die Menschen häufig gereizter als normalerweise. Auch im Straßenverkehr tippt der Finger öfter an die Stirn als an anderen Tagen. Zudem ist Vorsicht an Kreuzungen angesagt!

Obwohl in der Regel an solchen Tagen die Dinge leichter von der Hand gehen, sollten Sie sich vor Stress hüten. In diesem Fall wären Kopfschmerzen vorprogrammiert.

Mit dem Mond im Widder haben Sie die Chance schlechthin, bei Ihrem Chef wegen einer Gehaltserhöhung vorstellig zu werden. Vorwärts – dem Mutigen gehört die Welt!

Sollten Sie ein freudiges Ereignis planen, so ist die Wahrscheinlichkeit, dass es ein Junge wird, sehr groß!

Wenn Sie gerne im Garten arbeiten, sollten Sie jetzt die Bäume beschneiden; auch das Düngen von Gemüse kann auf keinen besseren Zeitpunkt fallen. Gemüse, das schnell geerntet werden soll, stecken Sie am besten heute in die Erde. Vor allem die Tomaten sollten Sie unbedingt dann setzen, wenn der Mond im Widder steht.

Der Mond im Stier

Die treuesten Seelen haben ihren Mond im Stier. Diese Menschen lieben die Behaglichkeit und Ruhe, denn sie sind unbedingt wichtig für ihren Seelenfrieden. Es sind sinnliche Ästheten, die allerdings ihre gewohnten Lebensrhythmen benötigen. Sie werden gerne verwöhnt, aber sie verwöhnen auch gerne andere. Sie haben eine feine Nase und die guten Düfte regen den Appetit an. Daher sind Menschen mit dem Mond im Stier nicht selten übergewichtig.

Der Stier ist ein Gewohnheitstier und Menschen mit dem Mond im Stier neigen zu ausgeprägten Gewohnheiten, die manchmal in einer ermüdenden Monotonie und Langeweile enden können. Dann werden sie richtig schwerfällig.

Im täglichen Leben

Wenn der Mond im Stier steht, beherrschen die langsamen Tätigkeiten den Tagesablauf. Es wird um Dinge gehen, die eine lange Ausdauer erfordern. Dafür werden Sie sich harmonisch und ausgeglichen fühlen, was die Arbeit erleichtert.

Steht der Mond im Stier, sollten Sie keine Mandel- oder Halsoperationen vornehmen lassen. Es würde Ihnen nicht gut bekommen!

Wollen Sie ein neues Haus kaufen oder einen Mietvertrag unterschreiben, dann warten Sie bitte, bis der Mond den Stier wieder verlassen hat. Sie könnten sich viel Ärger ersparen!

Sollten Sie heute vor einem freudigen Ereignis stehen, seien Sie sicher – es wird ein Mädchen.

Ruft Sie der Garten, sollten Sie jetzt dem Ungeziefer im Erdreich auf die Pelle rücken. Heute könnten Sie den Biestern richtig zusetzen!

Der Mond in den Zwillingen

Kennen Sie nicht auch jemanden in Ihrem Freundeskreis, dessen Redefluss kaum zu stoppen ist? Die Chancen stehen gut, dass er seinen Mond in den Zwillingen hat.

Solche Menschen benötigen einen regen Gedanken- und Gefühlsaustausch und geraten immer wieder in Situationen, die sie äußerst anregend finden.

Mit dem Mond in den Zwillingen haben wir einen vielseitigen, spritzigen und unternehmungslustigen Menschen vor uns, der immer wieder auch Schwung ins Leben anderer Menschen bringen kann. Gelegentlich wird Menschen mit dieser Konstellation unterstellt, sie seien oberflächlich; aber Sie werden kaum einen interessanteren Gesprächspartner finden.

Wenn Sie dringend eine Nachricht übermitteln müssen, das Telefon aber dauernd besetzt ist, dann quasselt an der anderen Leitung ein Zwillings-Mond. Fassen Sie sich in Geduld, es kann lange dauern!

Im täglichen Leben

Es ist die richtige Zeit, um neue Kontakte zu knüpfen. Wollten Sie nicht schon immer die netten neuen Nachbarn zum Essen einladen? Vielleicht sollten Sie auch etwas Lustiges, Ungewöhnliches für den Abend planen. Wie wäre es mit einem aufregenden Blind-Date?

Sie können mit dem Mond in den Zwillingen aber auch brav zu Hause sitzen und Ihren Studien nachgehen. Die Zeit dafür ist günstig.

Auch Briefe, die schon lange auf eine Antwort warten, könnten jetzt in Angriff genommen werden.

Ein glückliches Ereignis? Heute wird es ein Junge!

Ist Hausputz angesagt, werden die Fenster heute mehr glänzen als sonst, obwohl die ganze Sache scheinbar mühelos abläuft. Lassen Sie sich jetzt nicht stoppen; es ist die richtige Zeit, um wieder einmal die ganze Wohnung kräftig durchzulüften.

Im Garten sollten Sie jetzt rankende Pflanzen säen.

Der Mond im Krebs

Die Krebs-Monde kennzeichnen die ganz zart besaiteten Wesen des Tierkreises. Sie nehmen alle Einflüsse auf wie ein feuchtes Tuch. Es sind Menschen mit einer ausgeprägten Feinfühligkeit, die aber gepaart ist mit außerordentlicher Launenhaftigkeit.

Mit dem Mond im Krebs braucht es enorm viel Geborgenheit, sonst gibt es Probleme. Mit dieser Konstellation kann es auch eine starke Furcht vor dem Unbekannten geben, und daraus entstehend eine gewisse Unbeweglichkeit.

Menschen mit dem Mond im Krebs sind ausgesprochen liebevoll und lesen ihren Mitmenschen alle Wünsche von den Lippen ab. Allerdings können sie sich auch stark anklammern und festhalten.

Im täglichen Leben

Heute sollten Sie Besuch einladen und ihn verwöhnen, er wird es Ihnen danken. Servieren Sie aber kein schweres Essen, denn an diesen Tagen ist der Magen sehr empfindlich!

Lassen Sie die Seele baumeln, denn es ist nicht unbedingt die Zeit, um Bäume auszureißen und Berge zu versetzen. Es ist besser, Sie widmen sich Ihrer Familie.

Sollten Sie sich jetzt einsam fühlen, nehmen Sie sich selbst nicht zu ernst, in wenigen Tagen oder Stunden schaut die Welt schon wieder ganz anders aus; denn es ist keine schlechte Zeit für den Beginn einer neuen romantischen Liebe. Allerdings sollten Sie sich vor zu großer Empfindlichkeit hüten. Dafür ist später auch noch Zeit!

Ein glückliches Ereignis – heute wird es ein Mädchen!

Sollten Sie nicht gerade dem Hausputz frönen, packen Sie Ihre Sachen, gehen schwimmen und anschließend in die Sauna, es ist genau der richtige Zeitpunkt für solche Aktivitäten.

Und weil wir schon bei den feuchten Aktivitäten sind, heute ist ein guter Waschtag. Die hartnäckigen Flecken können Sie heute endlich entfernen!

Der Mond im Löwen

Die Löwe-Monde sind die Menschen mit dem sonnigen Gemüt. Sie können jugendlich verspielt sein; und sie sind großzügig in allen Lebensbereichen. Sie sollten aber beachten, dass diese Menschen im Mittelpunkt stehen wollen, das ist für sie sehr wichtig!

Sie strahlen viel Herzenswärme aus und verfügen über einen angeborenen Beschützerinstinkt. Sie werden auch feststellen, dass die Löwe-Monde ganz automatisch eine Führungsrolle einnehmen und sich damit ganz prächtig fühlen. So wollen sie es haben! Für ihre Mitmenschen ist dieses „Ich-bin-so-toll"-Gefühl allerdings nicht immer leicht zu ertragen und die Arroganz der Löwe-Monde ist manchmal schwer auszuhalten.

Im täglichen Leben

Munter hinein ins Vergnügen! Feste, Partys und sportliche Aktivitäten werden unter dieser Konstellation großgeschrieben. Sie sollten allerdings darauf achten, es nicht zu übertreiben. Es gibt Seitensprünge, die einem später Kopfschmerzen bereiten!

Wenn Sie unter das Messer müssen, dann bitte heute keine Herzoperationen. Überhaupt sollten Sie bei dieser Mond-Konstellation auf Herz und Kreislauf achten!

In Ihrem Umfeld können Sie heute Ihre Kompetenz beweisen. Stellen Sie also gerade heute Ihr Licht nicht unter den Scheffel!

Wenn Sie ausgehen wollen, wären Oper oder Theater die erste Wahl.

Ein freudiges Ereignis geplant? – Heute wird es ein Junge!

Und nicht vergessen: Heute Körperpflege betreiben und vor allem Haare schneiden. Sie werden überrascht sein!

Der Mond in der Jungfrau

Die Ordnung hält Einzug. Es findet sich Systematik und sorgfältige Planung in allen Lebensbereichen.

Menschen mit dem Mond in der Jungfrau zählen zu den „Dienern des Lebens". Sie betrachten andere und stellen fest, dass sie selbst nur an zweiter Stelle stehen. Manchmal kommt dann Neid auf, aber letztlich siegt die Vernunft.

Unter dieser Konstellation kann es zu einer gewissen Kritiksucht kommen, die äußerst unangenehm auf die Mitmenschen wirkt. Zudem kommen die Jungfrau-Monde mit einer gewissen distanzierten Kühle daher, was sie etwas unnahbar wirken lässt. Oft findet sich dahinter aber eine große Tiefe und Gefühlsintensität. Wenn sie sich öffnen könnten und spontaner wären, würde sich das Leben von einer leichteren Seite zeigen.

Im Körper können sich die Eingeweide und die Nerven melden – es ist dann Zeit zum Entrümpeln der Psyche. Frisch und mutig an die Arbeit!

Im täglichen Leben

Es ist wahrlich nicht der Tag für die romantischen Treffen bei Kerzenschein. Der Besuch bei der alten Tante im Altersheim ist angesagt – sie wird es Ihnen danken. Dienen ist Trumpf!

Besser, Sie schaffen heute Ordnung oder belegen einen Kochkurs, denn es ist nicht die Zeit für spontane Einfälle! Wartet nicht schon lange Ihre Steuererklärung auf Sie?

Ein freudiges Ereignis geplant? – Es wird ein Mädchen!

Im Haus sollten Sie die Haare schneiden; draußen die Balkonpflanzen setzen. So ist die Zeit gut genutzt!

Der Mond in der Waage

Die Zeit der Aussöhner und Schlichter ist gekommen! Die Waage-Monde sind geradezu süchtig nach Harmonie. Bei Streiks sollten die Schlichter grundsätzlich nur mit einem Waage-Mond zugelassen werden!

Im Körper kann es bei dieser Mond-Stellung zu starken Hautreaktionen kommen, auch die Nieren sollten im Auge behalten werden.

Es sind Menschen, die der Schönheit sehr zugeneigt sind. Häufig finden wir hier auch äußerst begabte Künstler, die allerdings Schwierigkeiten haben, sich genau festzulegen. Die Waage pendelt immer hin und her. Waage-Monde müssen lernen, sich zu entscheiden und Abhängigkeiten zu vermeiden.

Im täglichen Leben

Gehen Sie Ihren gesellschaftlichen Interessen nach und genießen Sie das Leben. Es ist die richtige Zeit für einen Stadtbummel.

Heute ist das Selbstbewusstsein etwas schwach ausgeprägt und Entscheidungen fallen Ihnen schwerer als sonst. Warten Sie einfach, bis der Mond in den Skorpion wechselt. So lange dauert das ja nicht!

Verschönern Sie inzwischen Ihre Wohnung. Sie werden sie selbst nicht wiedererkennen.

Wenn Sie nach draußen gehen oder im Haus herumrennen, vergessen Sie die warmen Socken nicht, Ihre Blase wird es Ihnen danken!

Ein freudiges Ereignis geplant? – Es wird ein Junge!

• Der Mond im Skorpion

Die Skorpion-Monde haben ein ausgeprägtes Durchsetzungsvermögen, das bis zur Rücksichtslosigkeit gehen kann. Sie sind entschlossen und bevorzugen große Unabhängigkeit in ihrem Gefühlsleben. Es sind oft sehr verschlossene Menschen, die aber durch ihr Wesen die Belastbarkeit und Gefühlswelt ihrer Mitmenschen prüfen. Sie können gar nicht anders; und sie kennen dabei keine Grenzen.

Mit dem Mond im Skorpion haben Sie die Gabe, unbewusst die Fehler Ihrer Mitmenschen zu erfühlen und direkt zur Sprache zu bringen. Das macht Sie nicht unbedingt zu jedermanns Liebling!

Die Skorpion-Monde sind faszinierende, geheimnisvolle Menschen, die man nie ganz versteht. Daher kommt der Ausdruck vom Skorpion-Blick, der tief in die Seele zu schauen scheint. Aber man kann nicht in die gleiche Tiefe zurückschauen!

Im täglichen Leben

Haben Sie bestimmte Gefühle lange verdrängt, so kommen diese an Skorpion-Tagen an die Oberfläche und machen Ihnen und anderen zu schaffen. Trotzdem können Sie heute alle anstrengenden Arbeiten gut erledigen.

Achtung: Heute ist alles explosiver als sonst – auch im Bett!

Skorpion-Tage sind gut für Füllungen beim Zahnarzt, wobei es möglichst zunehmender Mond sein sollte! Auch die Dauerwelle hält heute einfach länger und strapaziert die Haare weniger. Es sollte sich auch möglichst zunehmender Mond am Himmel zeigen.

Ein freudiges Ereignis geplant? – Es wird ein Mädchen!

Im Garten reagieren die Pflanzen an diesen Skorpion-Tagen besonders gut auf den Dünger; allerdings sollte dabei abnehmender Mond sein.

• Der Mond im Schützen

Menschen mit dieser Mondstellung suchen nach dem Sinn des Lebens. Sie sind erfüllt von einem ausgeprägten Idealismus und für die „wahre“ Sache setzen sie sich mit allen Kräften ein. Sie fühlen sich in der Welt der Philosophie zu Hause.

Sie verfügen über die Fähigkeit, andere durch ihren Idealismus mitzureißen, ohne dabei auf ihre Überredungskünste zurückgreifen zu müssen. Sie überzeugen einfach durch ihr Dasein!

Es sind freie Seelen, denn die Freiheitsidee ist ihnen schon in die Wiege gelegt worden! Manchmal sind ihre Höhenflüge allerdings unrealistisch; doch ohne sie könnten die Schützen-Monde einfach nicht leben.

Im täglichen Leben

Wenn Sie eine interessante Kurzreise planen – jetzt ist der richtige Zeitpunkt. Auch für schwierige Gespräche ist jetzt ein guter Zeitpunkt, denn Toleranz ist angesagt. Wollten Sie nicht schon lange Ihre „geliebte“ Schwiegermutter anrufen?

Hüten Sie sich vor zu großen Versprechungen; denn wenn der Mond in den Steinbock wandert, schaut die Welt schon wieder ganz anders aus!

Es ist ein Tag, um nach innen zu gehen und über die großen Lebensfragen zu meditieren. Heben Sie aber bitte nicht ab!

Vielleicht wollen Sie sich auch um einen neuen Job bemühen oder nur eine Gehaltserhöhung fordern – heute ist Ihr Tag!

Wenn Ihnen nichts anderes einfällt, dann gehen Sie einfach wieder einmal ins Museum oder rufen einen vernachlässigten Freund an. Dann ist die Zeit genutzt.

Ein freudiges Ereignis geplant? – Es wird ein Junge!

Im Garten sollten Sie, bei abnehmendem Mond, den Rasen mähen oder das Gemüse düngen.

Der Mond im Steinbock

Menschen mit dieser Mondstellung unterliegen einem inneren Ehrgeiz, der sie einem starken Druck aussetzt. Sie legen an sich selbst enorm strenge Maßstäbe an, denen sie dann manchmal selbst nicht gewachsen sind. Sie wirken unnahbar, da sie ihr Gefühlsleben sehr stark kontrollieren. Es handelt sich bei dieser Konstellation um Einzelkämpfer, die allein sich selbst Vertrauen schenken. Ihre Gefühlswelt scheint gar nicht zu existieren, daher wirken sie auf andere kalt und fast wie erstarrt.

Für Steinbock-Monde wäre es lebenswichtig, aus einer selbst angelegten Zwangsjacke auszubrechen und sich zu befreien!

Im täglichen Leben

Wollen Sie eine Lebensversicherung abschließen, so ist diese Mondstellung eine hervorragende Ausgangslage.

Es ist nicht gerade eine Zeit für ausgelassene Feste, Pflichten sind eher angesagt. Da aber gegenwärtig die persönlichen Wünsche und Sehnsüchte ohnehin nicht im Vordergrund stehen, lässt sich alles bewältigen.

Zudem wird man an diesen Steinbock-Mondtagen ohnehin nicht leicht unter Ermüdung leiden.

Haut und Nägel sollten bei abnehmendem Mond gepflegt werden, auch die Zahnreinigung wäre keine schlechte Geschichte. Ab zum Zahnarzt!

Ein freudiges Ereignis geplant? – Es wird ein Mädchen!

Im Garten ist Unkrautjäten bei abnehmendem Mond angesagt; bei zunehmendem Mond sollte dagegen umgetopft werden!

• Der Mond im Wassermann

Hier treffen wir die Weltverbesserer, denn die Menschen mit dem Mond im Wassermann sind mit einem starken Gerechtigkeitssinn ausgestattet. Freiheit ist die Grundstimmung, die ihr Leben prägt und auf der sie alle Aktivitäten aufbauen. Sie schneiden die alten Zöpfe ab und leiten Reformen ein.

Es können ruhelose Geister sein, die innerlich ständig angetrieben werden und auf der Suche nach der Wahrheit sind. Ihre rastlose Suche lässt sie aber Ideen für eine neue Zeit entwickeln. Darunter kann dann auch schon einmal eine „verrückte" Idee sein.

Mit dem Mond im Wassermann sind Sie ständig auf Achse. Langeweile und Eintönigkeit bringen Sie um! Sie brauchen das Ungewöhnliche zum Leben.

Durchblutungsstörungen und Kreislaufprobleme sollten Sie bei dieser Mond-Stellung ernst nehmen!

Im täglichen Leben

Es ist die Zeit für Teamarbeit! Gemeinsame Ideen können ein fantastisches neues Projekt auf den Weg bringen.

Vielleicht wollen Sie aber auch nur den Keller entrümpeln oder die Fenster putzen. Bei abnehmendem Mond wären das die richtigen Aktivitäten!

Joggen oder Tanzen könnten Ihnen auch zusagen, denn die Energie stimmt!

Bei zunehmendem Mond können Sie auch an die neuen Zahnfüllungen denken. Jetzt passen sie!

Ein freudiges Ereignis geplant? – Es wird ein Junge!

Im Garten können Sie bei Vollmond und bei abnehmendem Mond die Blumen düngen.

Der Mond in den Fischen

Menschen mit einem Fische-Mond zeichnen sich durch eine liebevolle Aura aus, die es anderen Menschen erleichtert, ihnen Vertrauen zu schenken. Sie strahlen Freundlichkeit und Hilfsbereitschaft aus, die gerne in Anspruch genommen werden.

Es sind tiefe Seelen, deren unergründliche Seelenwelten von der Außenwelt oft nicht erkannt werden, da sie sich ganz in ihrer eigenen Welt abspielen. Der innere Ozean der Fische-Menschen!

Unter allen Mond-Typen sind sie die feinfühligsten, daher haben sie die größten Probleme mit dem Leiden anderer. Ähnlich den Krebs-Monden können sie sich nur schwer abgrenzen.

Manchmal versäumen sie vor lauter Träumerei das „richtige" Leben. Sie müssen Boden unter den Füßen fassen und ihr Selbstvertrauen verbessern.

Im täglichen Leben

Das große Gefühl ist angesagt. Nehmen Sie sich alle Taschentücher und schauen Sie sich im Kino die großen Liebesschnulzen an. Es ist die richtige Zeit, um sich total auszuheulen!

Instinkte und Gefühle bestimmen in diesen Tagen alles Leben; und Sie werden auch spüren, wenn jemand Ihre Hilfe benötigt. Heute können Sie diese ganz mühelos verschenken.

Entspannungsübungen und Massagen werden sich jetzt als besonders wirksam erweisen.

Waschen und Saunabesuche sind bei abnehmendem Mond anzuraten; auch ein Zahn könnte, wenn es denn sein muss, jetzt gezogen werden.

Ein freudiges Ereignis geplant? – Es wird ein Mädchen!

Kapitel 9

Berühmte Krebse

Berühmte Frauen

• Lady Diana *(geb. 1.7.1961)*

Die vielleicht berühmteste Krebs-Frau der Geschichte. Eine Frau voller Mitgefühl, die innerlich zerrissen war, unter Depressionen litt und doch immer wieder mit ihrem Lachen die Welt verzauberte.

• Ingeborg Bachmann *(geb. 25.6.1926)*

Eine der bedeutendsten modernen Autorinnen deutscher Sprache. Vor allem ihre gefühlvolle, feinsinnige Lyrik enthüllte die zarte Krebs-Seele der sprachgewaltigen Dichterin, die wie ihre berühmte englische Krebs-Schwester auf tragische Weise ums Leben kam.

• Gina Lollobrigida *(geb. 4.7.1928)*

Die charmante Italienerin verzauberte vor allem in jenen Rollen die Herzen ihrer Fans, in denen sie die gefühlvolle, hingebungsvolle Italienerin spielte.

• Meryl Streep *(geb. 22.6.1949)*

Die vielleicht begabteste amerikanische Schauspielerin im Charakterfach. Eine Frau, die mit unglaublicher Gefühlsintensität die schwierigsten Charaktere glaubwürdig auf die Leinwand bringt.

Berühmte Männer

• **Hermann Hesse** *(geb. 2.7.1877)*

Der Romantiker schlechthin unter den deutschsprachigen Autoren der Neuzeit. Ein außerordentlich feinsinniger Beobachter, der seine Figuren mit Fantasie und Einfühlungsvermögen gestaltete. Seine großen Meisterwerke sind klassische „Krebs-Literatur"!

• **Rembrandt** *(geb. 15.7.1606)*

Rembrandt, der in seinem Leben von vielen Zweifeln und Krisen geschüttelt wurde, drückte in seinen Bildern die Tiefe der menschlichen Seele aus, wobei die schattenhaften Seiten seiner Krebs-Natur überwogen.

• **Gustav Mahler** *(geb. 7.7.1860)*

Die religiös-mystische Seite in der Musik Mahlers drückt seine Krebs-Natur ganz besonders intensiv aus. Ein Musiker von ganz außergewöhnlichem Einfühlungsvermögen.

• **Der XIV. Dalai Lama** *(geb. 6.7.1935)*

Die „Verkörperung des Mitgefühls" lautet die Übersetzung eines Namens des Dalai Lamas. Hätte er sich ein besseres Sternzeichen als jenes des Krebses wählen können? Ein Mann der wie kaum ein anderer Liebe, Verständnis, Toleranz und Mitgefühl verkörpert.

Die Autoren

Petra Michel (Sternzeichen: Krebs, Aszendent: Löwe, Mond: Skorpion). Physikstudium, danach führende Stellung in der deutschen Industrie. Langjähriges Astrologiestudium, unter anderem bei Huber und Claude Weiss. Heute Leiterin eines Verlages in den USA.

Annette Wagner (Sternzeichen: Krebs, Aszendent: Schütze, Mond: Zwillinge). Eurythmiestudium, danach Tätigkeit in der Wirtschaft. Langjähriges Astrologiestudium. Seit zehn Jahren Prokuristin in der Verlagsindustrie.

Dr. Peter Michel (Sternzeichen: Krebs, Aszendent: Löwe, Mond: Schütze). Studium der Philosophie, Theologie und Religionswissenschaft, danach Gründung des Aquamarin Verlages. Autor zahlreicher Sachbücher zu den Themen Mystik und Esoterik.

Genehmigte Lizenzausgabe
tosa GmbH
Fränkisch-Crumbach 2011
www.tosa-verlag.de

Layout, Satz und Umschlaggestaltung:
SAMMÜLLER KREATIV GmbH

ISBN 978-3-86313-004-6